新版

おなかにいるときからはじめる べびぃケア

妊娠・出産・育児を気持ちよく

吉田敦子 ＋ 杉上貴子

助産師・NPO法人母子フィジカルサポート研究会

合同出版

はじめに

赤ちゃんの笑顔や安らかな寝顔を見ると、親になった喜びがあふれてきますね。

「生まれてきてくれてありがとう」と、しみじみと幸せを感じることでしょう。

でも、穏やかな時間ばかりではないのが育児です。例えば「べびぃケア」クラスに参加されるお母さんたちの悩み事ベスト3は、「ずっと抱っこで疲れる」「布団におろすと泣く！」「何して遊んだらいいの？」でした。

赤ちゃんが泣いた時、どんなことをしていますか？

抱っこ、おっぱい、おむつがえ、歩き回る、外に出る……。いろんなことを試してみて、泣きやんでくれたら、ひとまず「ほっ」。

でも、泣きやんでくれなかったら？

育児書などに書かれている「よくある不安」の原因と対策をいろいろと試してみても、赤ちゃんは泣き続けるばかり……。

赤ちゃんを抱いたまま右往左往したことはありませんか？

泣きやまないこと以外にも、育児は不安になることがいろいろあります。寝てばかりいておっぱいを飲んでくれない。おっぱいをいつまでも離さない。抱っこしにくい。抱っこをいやがる……。

もしどうしたらいいかわからない状態が続いたら、赤ちゃんの姿勢に注目してみてください。言葉が話せない赤ちゃんは何かいやなことがあると泣いて訴えます。あなたの赤ちゃんは体がつらくて泣いているのかもしれないのです。赤ちゃんが楽になれる姿勢を探して抱っこをしたり、ねんねさせたりしてみましょう。ちょっとした知識とコツを知り赤ちゃんに接すると、あら不思議。育児がとても楽になるでしょう。

このように赤ちゃんの姿勢と発達の関係と赤ちゃんの気持ちよさに着目した育児法が、「べびぃケア」です。毎日の育児や遊びに姿勢と発達をふまえたサポートをおこなうだけで、特別に時間をとる必要はありません。

じつは、育児は妊娠中からはじまっています。赤ちゃんは約10カ月、子宮というしなやかでじょうぶな筋肉に、ふわっと包まれて過ごしながら、生まれた後の世界で生きていくための準備を着々と進めています。赤ちゃんがおなかの中でのびのびと過ごし、親子で出産をともに乗りこえるために、お母さんの姿勢にも注目する必要があります。

この本では、ＮＰＯ法人母子フィジカルサポート研究会の理念をベースとした「べびぃケア」のエッセンスを紹介し、実際の育児の中で使っていただけるよう図や写真を入れて丁寧に解説しました。

この本が、笑顔があふれる家庭づくりに役立つことを願ってやみません。

ＮＰＯ法人母子フィジカルサポート研究会　代表理事　吉田敦子

もくじ

第1章 妊娠から産後のママ&赤ちゃんのためのママケア

第2章 べびぃケアの基本

第3章 ねんねから首がすわるまでのべびぃケア

——生まれてから4・5カ月まで

第4章 首すわりからあんよまでのべびぃケア ―4カ月から1歳まで

第5章 ママと楽しくべびぃケア遊び

べびぃケアってなぁに？

「べびぃケア」は、赤ちゃんの発達段階に応じた姿勢と赤ちゃんの気持ちよさに着目した育児法です。毎日の抱っこや授乳、寝かせ方、また体操や遊びで体のバランスを整え、すこやかな成長を促します。べびぃケアは、お母さんのおなかの中にいる胎児の時から、生まれて歩きはじめるまでの赤ちゃんに対しておこないます。ケアのポイントは赤ちゃんの姿勢と体の動きや表情です。

本来赤ちゃんは左右対称で、バランスのとれたしなやかな体で生まれるものです。左半身、右半身ともにバランスがとれているため同じように動かすことができ、顔は正面を向いています。

そんな赤ちゃんは体に余分な緊張がないので、抱っこも無理なくできます。おっぱいを飲んでよく眠りよく遊び、むだ泣きをせず機嫌よく過ごします。規則的な生活リズムができるため、お母さんも「育てやすい」と感じることでしょう。

お母さんが「育てにくいな」と思う時は、赤ちゃんの体のバランスが崩れてないか見てあげましょう。べびぃケアを取り入れながらお世話をしたり、遊んであげたりすれば赤ちゃんの体が快適な状態に整い、自然と笑顔が増えるでしょう。

バランスのとれたしなやかな動きができると、無理なく体が動かせるので、きちんと左右対

「べびぃ」とはおおよそあんよができるまでの赤ちゃんで一人ひとりの個性を大切にしてもらいたいという思いを込めて「ベビー」とは区別して表現しています。

称に自分でできることが増えてきます。じっとお母さんやお父さんの目を見つめ、追いかけるようになり、指しゃぶりができるようになると、体の正面で手を合わせおもちゃを持つこともできるようになります。そうして、首がすわってきます。

　首がすわり、寝返りをうち、はいはいをしてつかまり立ちをして……といった発達段階を経ることは赤ちゃんの心身の成長にとってとても大切です。本来あるべき発達のステップを意識しながらケアをしていきます。赤ちゃんの体のバランスがとれていると、お母さんの負担も軽くなり、より子育ての楽しみが増えていくでしょう。

べびぃケアと「ママケア」

あなたは、これから赤ちゃんが授かることを願っているところですか。それとも、もう妊娠中ですか。べびぃケアは、赤ちゃんと楽しい毎日を過ごしたい、赤ちゃんに少しでも気持ちいいことをしてあげたい、赤ちゃんのすこやかな育ちを応援してあげたい、という気持ちになった方であれば、いつでもはじめられます。

赤ちゃんの生活は、妊娠の瞬間からスタートします。赤ちゃんは、子宮の中で、ママから栄養と酸素をもらいながら、自分の力で大きく成長していきます。子宮はいわば、この世界に誕生するまでの赤ちゃんの大切な「お部屋」です。あなたの赤ちゃんが、子宮の中でのびのび、すくすく育っていくには、暮らしやすいお部屋づくりが欠かせません。

そこで、ママの子宮が、赤ちゃんにとって暮らしやすいところになるためにおこなうケアを、「ママケア」と名づけました。

むずかしいことは何もありません。日常生活の中でできることがほとんどです。座り方、立ち方、歩き方、体の動かし方などをちょっと工夫したり、操体法を利用してママの体のバランスを整えます。赤ちゃんのお部屋＝子宮がやわらかく、あたたかく、中で赤ちゃんが過ごしやすいような形になるように心がけて過ごします。出産後はおなかの中にいた時のように、やさしくやわらかく赤ちゃんを抱っこしたり、気持ちよく育児ができる体づくりをめざします。

赤ちゃんが生まれたらすぐに育児ははじまります。自分で自分を支えられない赤ちゃんを守り育てるためには、ママの体が安定していることがとても大事。妊娠中におこなうママケアは、そのまま産褥体操にもなり、育児で疲れた体をほぐし、次への活力を生み出します。もちろん赤ちゃんが生まれてからはじめてもおそくありません。さあ、一緒にはじめましょう。

◉子宮は赤ちゃんのおうち

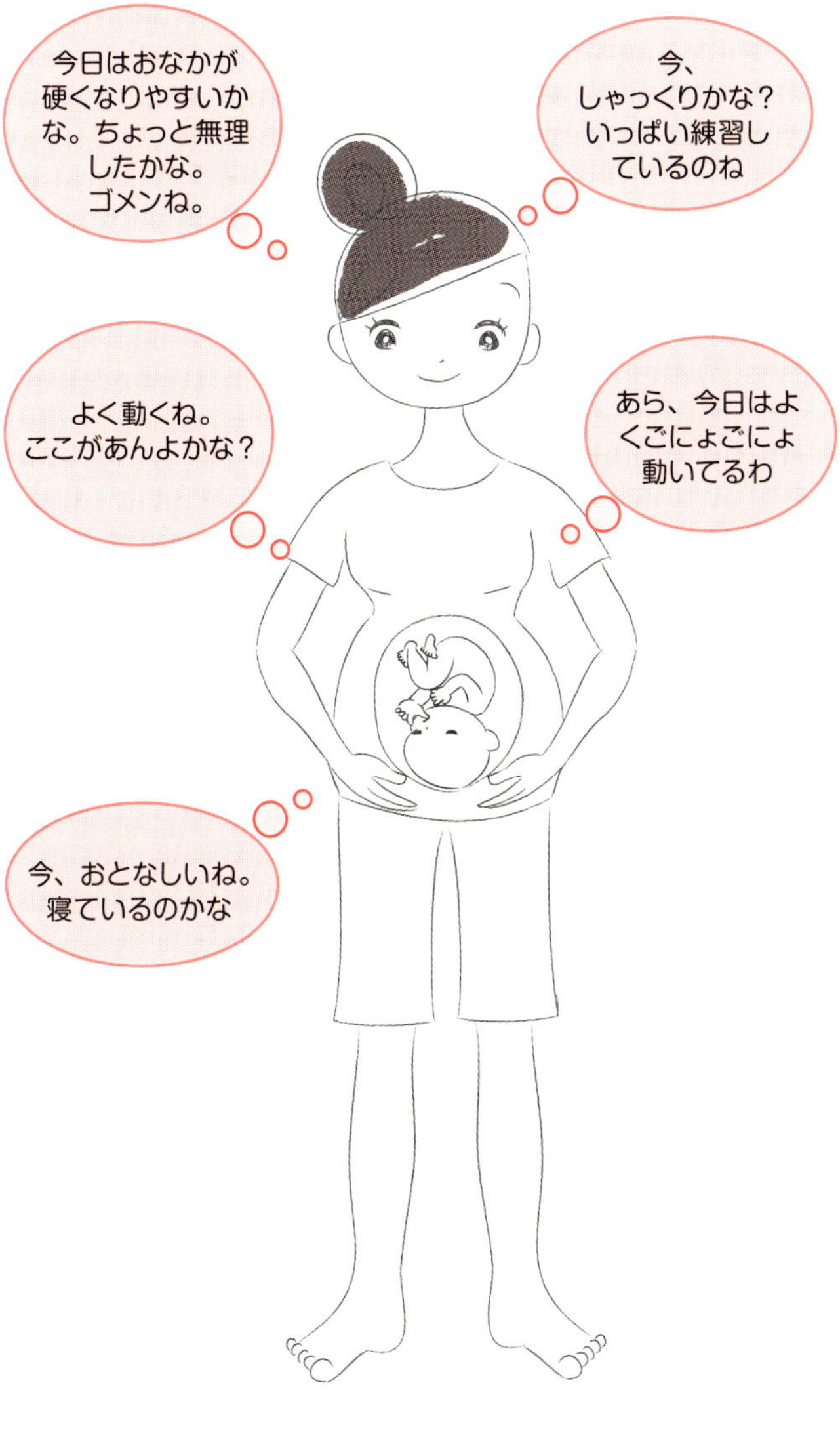

べびぃケアと「操体法」

べびぃケアでは、赤ちゃんの体が安全にほぐれ、体のバランスが整うように「操体法」の考えを取り入れています。

「操体法」は、気持ちがいいと感じる方に体を動かし、脱力することで骨格や筋肉、靱帯のアンバランスな状態を正す体操です。医師である橋本敬三先生（１８９７〜１９９３年）によってその考え方と実践法が確立されました。体が元に戻ろうとする生理的な力を利用するため、体に負担がなく、だれでも安全におこなえます。妊娠中や産後の回復期にもおこないやすい方法です。

自分が気持ちがいいと感じる方に体をゆっくりと動かし、自然に止まったところで２〜３秒動作を止めてから、ふわっと脱力します。すると、動かした箇所を中心にしびれにも似た感覚が走り、さーっと血液がめぐるのがわかります。この時体はほぐれ、体のバランスが改善されます。

大切なのは、自分の感覚に集中することです。意識を集中して、こりや痛みがあるのはどこか、気持ちがいいと感じるのはどんなふうに動かした時か、自分の体に聴く気持ちでおこないましょう。

最初は慣れないかもしれませんが、毎日続けることで、体はどんどん快適になっていきます。

◉操体法の基本

❶体を動かし、動きやすい方、動きにくい方の差を実感します。
❷はじめに、動かしやすい方をじわっとゆっくりおこないます。
❸一番気持ちよいところで２呼吸程度、数秒キープします。
❹息を吐きながらふわっと脱力。
❺脱力後、２呼吸程度、数秒休み、体に血が通う感じを味わいます。
❻動きやすい方を３回、動きにくい方を１回、差がない時は、交互に２回ずつおこないます。
❼体がつらい時、不快な時はやめましょう。

赤ちゃんの場合も同じです。

赤ちゃんが体を動かしやすい方にそーっと動きをサポートし、動きづらい方は無理しないように遊びや育児をおこなっていきます。

赤ちゃんは無理に体をのばそうとして怖い思いや痛い思いをすると、逆に体を縮めてしまいます。気持ちいいことをたくさんして、いやがることはしない、というのが操体法の考え方。気持ちがいい時の赤ちゃんは、ふわ～んと体の力が抜けて、ほほ笑んだり、お話をはじめたり、さわっているところにくーっと体を押しつけてきたりしてきます。不快な時は、体が緊張して、眉間にしわを寄せたり、泣いたり、体をそらしたり、ぐいぐい動いてさわっている手を払いのけようとしたりします。

赤ちゃんの様子をよく観察して、気持ちがよさそう、動かすのが楽そうなケアを探していきましょう。

◉発達のみちすじ

赤ちゃんは約１年から１年６カ月かけて歩く準備をします。この時期は「体の基礎を育てる時」と考えて赤ちゃんの発達に合わせてお世話をしましょう。

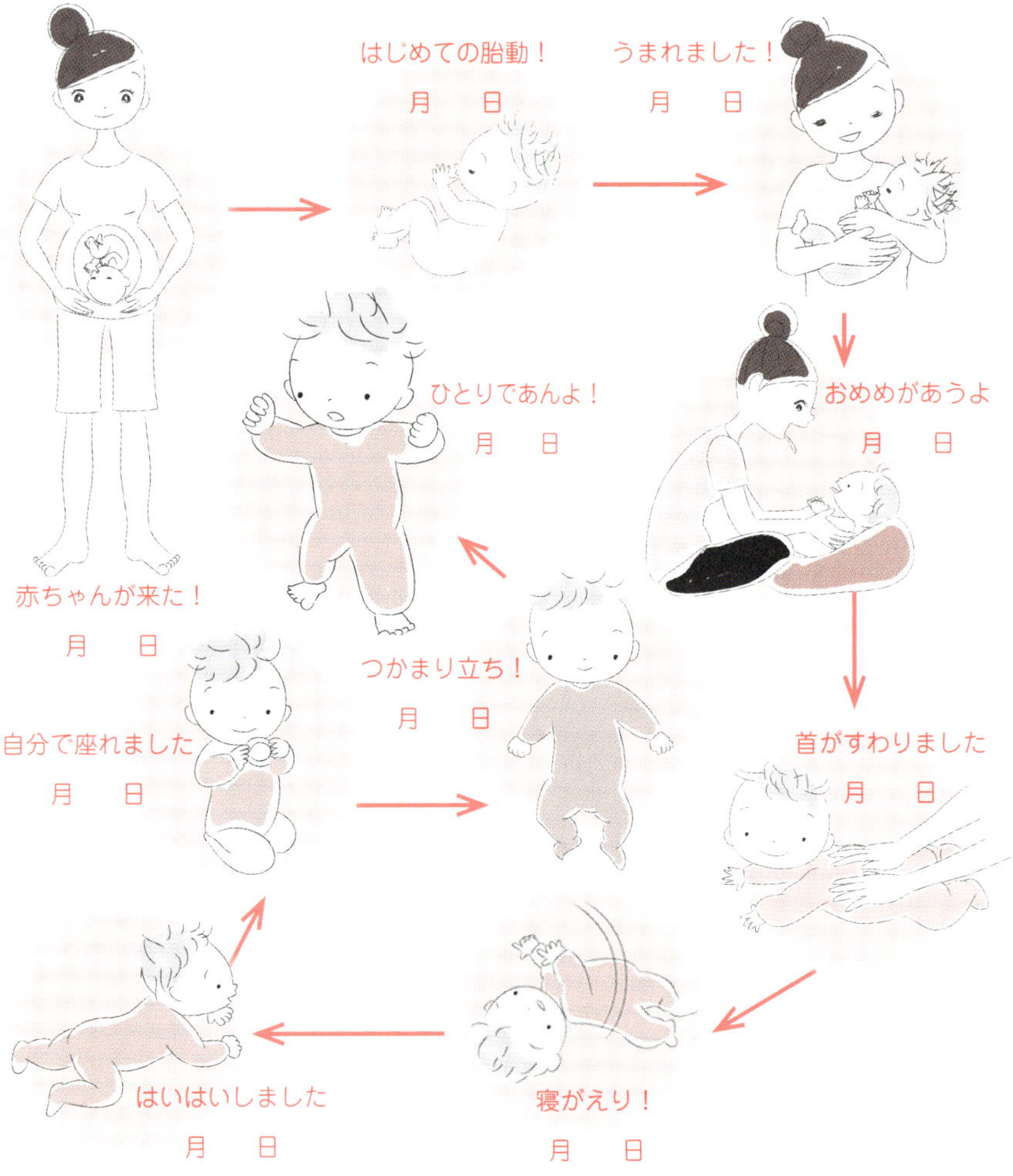

第1章

妊娠から産後のママ&赤ちゃんのためのママケア

赤ちゃんの生活は妊娠中の子宮の中からはじまっています。

妊娠したらまずは「ママケア」をはじめましょう。

ママケアは子宮や胎児の姿勢の改善だけでなく、妊娠中の不快症状を改善し、安産につながります。

そして出産後の回復にもママケアは役立ちます。

思い立ったら、さあケアをはじめましょう。

01 ママケアと骨盤の関係

ママケアは骨盤と密接な関係があります。骨盤は、健康のカギを握る体の要《かなめ》で、左右の寛骨《かんこつ》（腸骨《ちょうこつ》・恥骨《ちこつ》・坐骨《ざこつ》）と仙骨《せんこつ》の３つの骨で構成されています。上半身と下半身をつないで脊柱を支え、腸や膀胱《ぼうこう》、子宮、卵巣といった内臓を抱えて守るため立体的なつくりをしています。とくに女性の骨盤は、胎児を守り育てる子宮の入れものの役割もあります。

赤ちゃんを育てる子宮は、骨盤とつながる靭帯《じんたい》で前後左右から支えられています。２つの寛骨と仙骨という３つの骨で構成されている骨盤のバランスが崩れると、その中に靭帯でつながっている子宮のバランスも崩れ、緊張しやすくなります。赤ちゃんが住んでいる家が傾き、硬く住みづらくなってしまうと考えてもいいでしょう。

また、出産の時に骨盤の下部が開いて赤ちゃんが生まれやすくするために、大きな子宮を支えている３つの骨盤の骨のつなぎ目がホルモンにより少しずつゆるんできます。妊娠中の腰痛や恥骨部痛、尿もれや痔《じ》などの不快なトラブルは、この骨盤のゆるみが強いために起こると考えられます。

骨盤のバランスが不安定になると、子宮をうまく支えられません。赤ちゃんの生活は、子宮の中からはじまっています。赤ちゃんが居心地よく自由な姿勢がとれる、やわらかくまん丸い子宮でいるためには、とりわけ骨盤から整えていくことが大切なのです。

◉骨盤のしくみ

仙骨（せんこつ）

脊柱の一番下の逆三角形の骨。骨盤の後壁となり、尾骨へとつながる。バラバラの5つの骨が、成長とともにカルシウムが沈着して、10代はじめごろ1つの骨になる。

臼蓋（きゅうがい）

大腿骨頭がおさまる骨盤のくぼみ。

仙腸関節（せんちょうかんせつ）

仙骨と左右の腸骨が、骨盤の後方でつながる部分。おしりの割れ目の上の方にある。妊娠すると、出産を迎えるために女性ホルモンの働きでゆるむ。

股関節（こかんせつ）

大腿骨と寛骨の臼蓋があわさっている関節。上半身の重みを支え、足からの衝撃に耐え、足を動かすなど大きな負担がかかりやすい。

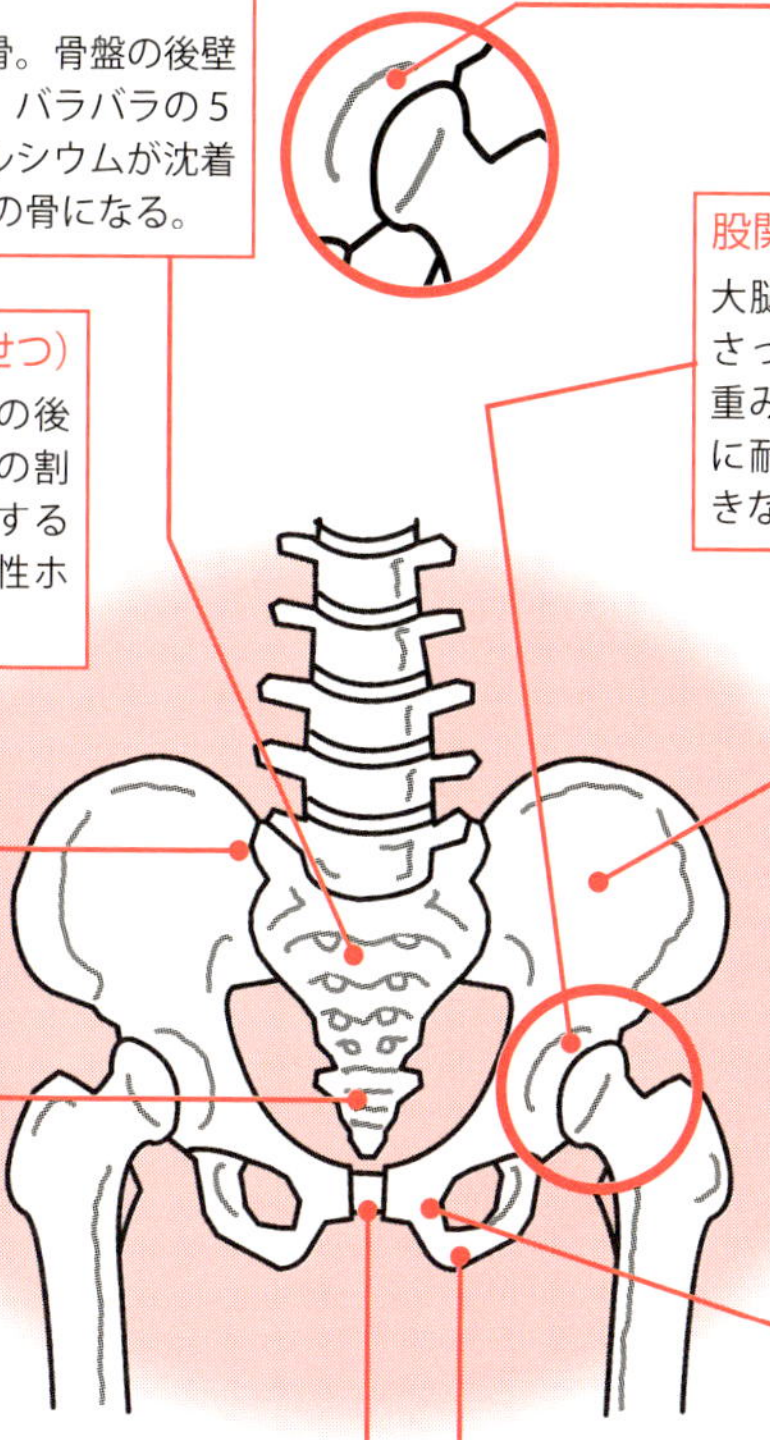

腸骨（ちょうこつ）

仙骨の両側に、おうぎ形に張り出している骨。恥骨、坐骨と融合して寛骨を形成する。腰骨ともいわれ、手で簡単にさわれる。大量の骨髄を含み、全血液量のおよそ半量がここでつくられる。

尾骨（びこつ）

脊柱の末端にあり、仙骨からつながる骨。3～5個の骨が融合して形成されたもので、尾てい骨ともいう。いわゆる「しっぽの痕跡」といわれる骨。

恥骨（ちこつ）

骨盤の前側にある、左右一対の骨。おへその下、アンダーヘアのあたりにある少し出っ張った部分の骨。

恥骨結合（ちこつけつごう）

左右の恥骨が骨盤の前方でつながる部分。妊娠すると、出産を迎えるために女性ホルモンの働きでゆるむが、現在ではゆるみすぎが問題になっている。

坐骨（ざこつ）

骨盤の下側にある、左右一対の骨。安定した姿勢で座れば、この坐骨が椅子や床に当たる。

寛骨（かんこつ）

腸骨＋恥骨＋坐骨＝寛骨になる

02

骨盤は子宮の入れもの

妊娠するとなぜ骨盤はゆるむのでしょう?

骨盤は、３つの骨が集まってできていますが、その骨と骨とをつないでいるのが、ゴムひものような組織である「靱帯」です。妊娠すると分泌されるホルモンの一つである「リラキシン」が、およそ9カ月かけて靱帯をゆるめていきます。靱帯がゆるむことで骨盤内にゆとりができ、出産時に胎児が通り抜けやすくなります。

一方、現代の若い女性の体は、１９５０年代生まれの団塊の世代くらいまでの女性と比べ大きく変化しました。車や電化製品の普及など生活スタイルが変化したことで、関節をつないでいる靱帯や、足腰・骨盤周辺の筋肉が、一昔前の女性とは比べものにならないほど弱くなっています。

女性の足腰が頑丈で、靱帯も強靱だったころは、妊娠時に「リラキシン」がほどよく効いていましたが、靱帯も筋力も弱くなっている現代の女性には効きすぎてしまい、必要以上に靱帯がゆるんでしまいます。

靱帯がゆるみすぎると、筋肉はこれを支えようと極度に緊張し、おしりや脚のつけねなどが痛みます。骨盤の容積も大きくなるため、上から腸が落ちてきて、その重みで子宮も下がり、尿もれや痔、脱肛、切迫早産、子宮脱などが起きやすくなると考えられます。

また子宮は、骨盤の前後左右を結ぶ靭帯によって、骨盤の中にハンモックのようにつるされています。

子宮が安定して支えられていると中の赤ちゃんはやわらかく弾力性に富んだ子宮の壁にふれたりしながら自由に動いて生活できます。

骨盤のバランスが不安定になると、靭帯も不安定となり子宮を安定して支えられず、緊張しやすくなります。

◉骨盤と子宮

骨盤の靭帯と子宮

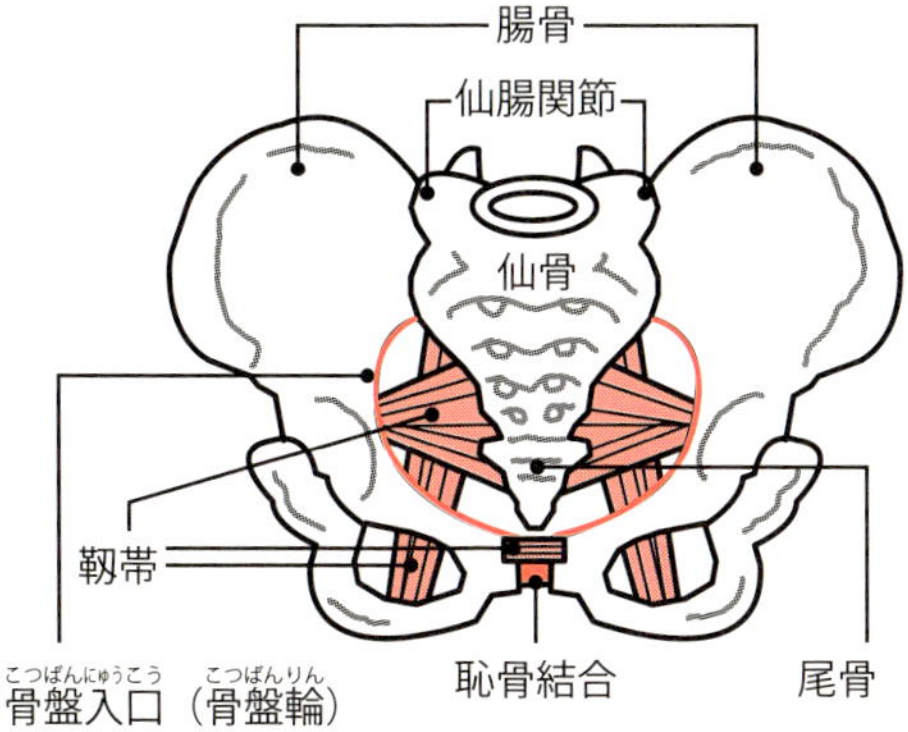

＊ 赤い線の部分

靭帯がゆるむと子宮が下がる

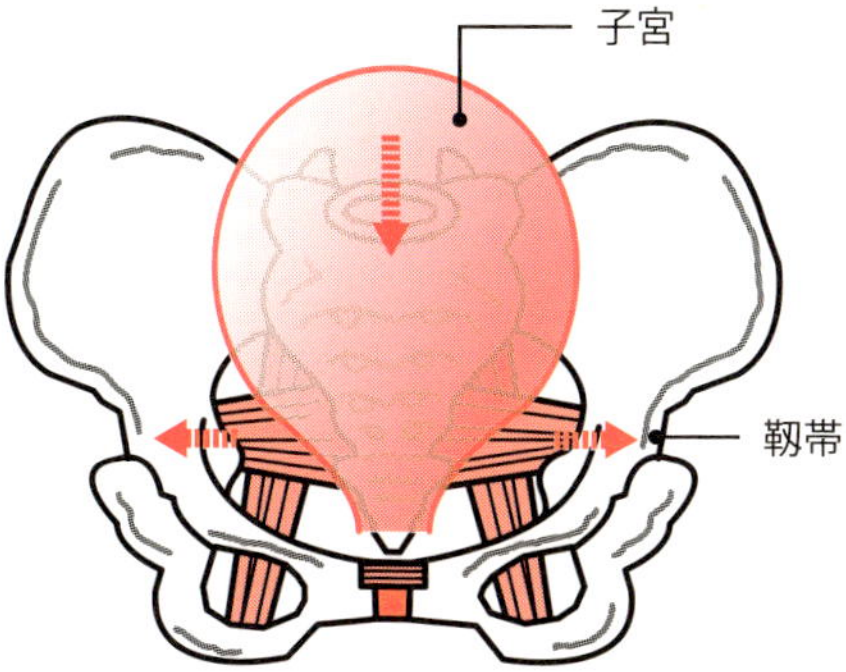

03

子宮の状態をセルフチェック

子宮は、骨盤につながっている靱帯によってバランスよく支えられ、骨盤の中央につり下げられた状態でいます。骨盤が不安定になると、靱帯はアンバランスな力で引っぱられ、支えている子宮も緊張しやすくなります。また腸などの内臓も下がり、その重みで子宮はさらに下がりがちになります。

妊娠しておなかが目立つようになったら、鏡の前に立ち、体を正面や横から見てみましょう。あなたのおなかはどのあたりがふくらんでいますか?

◉子宮の状態をチェック

①おへその位置はまん中ですか？
②おなかは硬くないですか？
③おなかが全体にあたたかいですか？
④子宮が左右に傾いたり、前後に倒れていませんか？

◉おなかの形はどうなっていますか？

妊娠８カ月

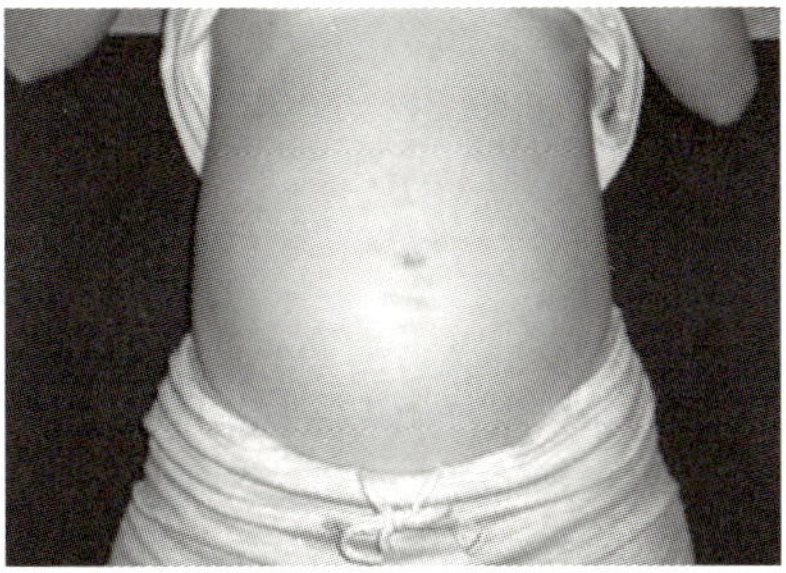
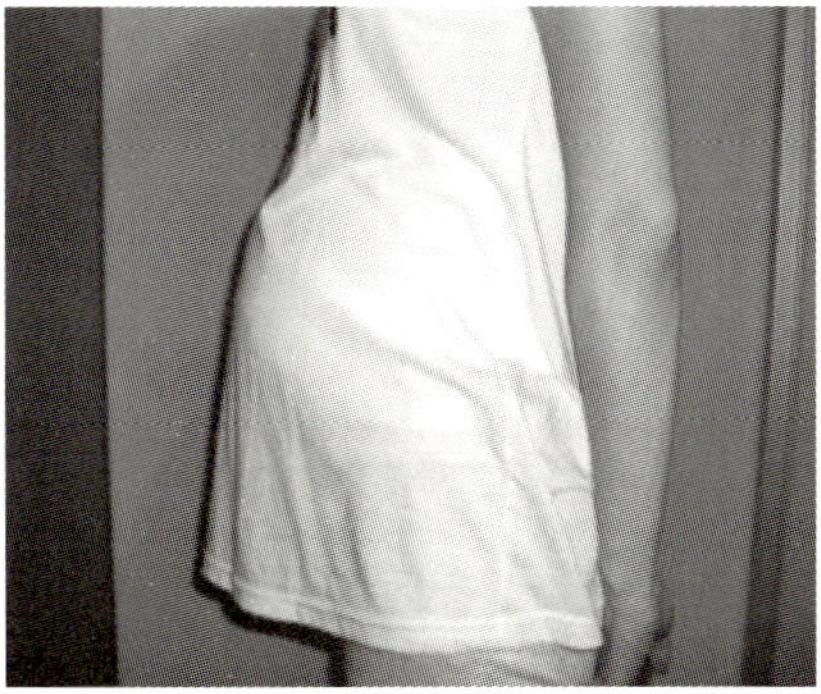

おなかが胸下からふんわりと丸いと、子宮はやわらかい状況。胎児が動きやすそう。

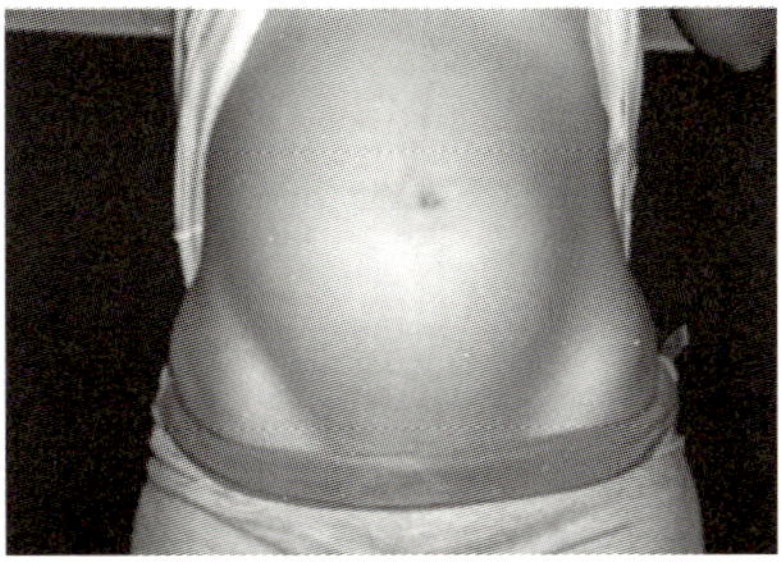
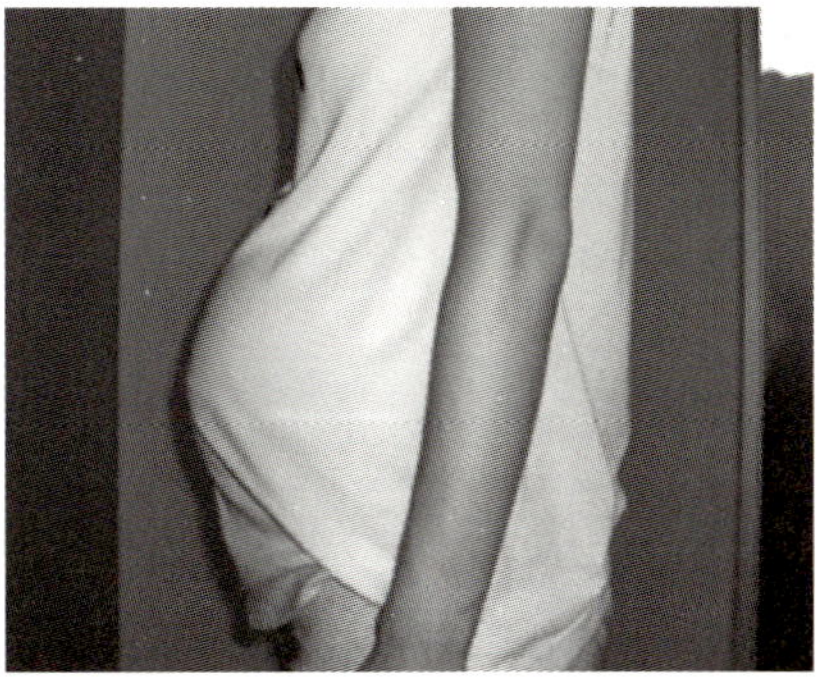

おなかが出ているところが下になればなるほど、子宮が下がっている状態。おなかは緊張して硬くなっている。

04 あなたの体をセルフチェック

妊娠した女性は、徐々に重くなる子宮を支えて暮らします。子宮の中で赤ちゃんは約3キログラムの大きさになり、胎盤や羊水、大きくなる子宮そのものの重さも加えると、全体で約6キログラムほどになります。あなたの体が重くなる子宮を支えることに、あなたの体が適応できれば、快適な妊娠生活になるでしょう。

子宮の中の赤ちゃんが快適に暮らしているか、あなたの体をチェックしてみましょう。

上半身と下半身をつなぐ骨盤は体の要です。骨盤が整って体のバランスがいいと、ウエストのくびれや、腰骨の位置、ヒップラインは左右対称に見えます。骨盤は、正面から見ると、下すぼまりの逆三角形をしています。太ももの骨も下が狭まってひざがくっつき、きりっとした小じりになります。

妊娠すると、ホルモンの作用で骨盤の上部がゆるみながら開いて、大きくなる子宮を支えます。体のバランスがいいと子宮が骨盤にまっすぐに収まることができます。この経過で、骨盤が必要以上にゆるむと、体が不安定になり、腰痛や恥骨部痛が起きやすくなります。また、広くなった骨盤の中に内臓が下垂してくるため尿もれや、痔、脱肛など不快症状が起こりやすくなり、下垂した内臓で骨盤が内部から押されてさらにゆるみます。落ちてきた内臓のために下腹も出てきます。このように骨盤がゆるむと、太ももの骨はほぼ平行になってO脚になり、おしりも横に広がります。

　また、骨盤は、お産の時には赤ちゃんの通り道となります。赤ちゃんは、骨盤のトンネルの壁に添うように頭をすりつけ回りながら降りてきます。ゆるんだ骨盤の方が、赤ちゃんが通りやすく思えますが、広すぎて不安定な骨盤よりも、安定した骨盤の方が、赤ちゃんがきれいに回りながら降りてこられます。

　妊娠中を快適に過ごすためにも、安産のためにも、骨盤を整えて、バランスのよい体でいることが大切です。

◉骨盤の状態をチェック

①ウエストのくびれは左右対称ですか？
②腰骨の位置は左右対称ですか？
③ヒップラインは左右対称ですか？

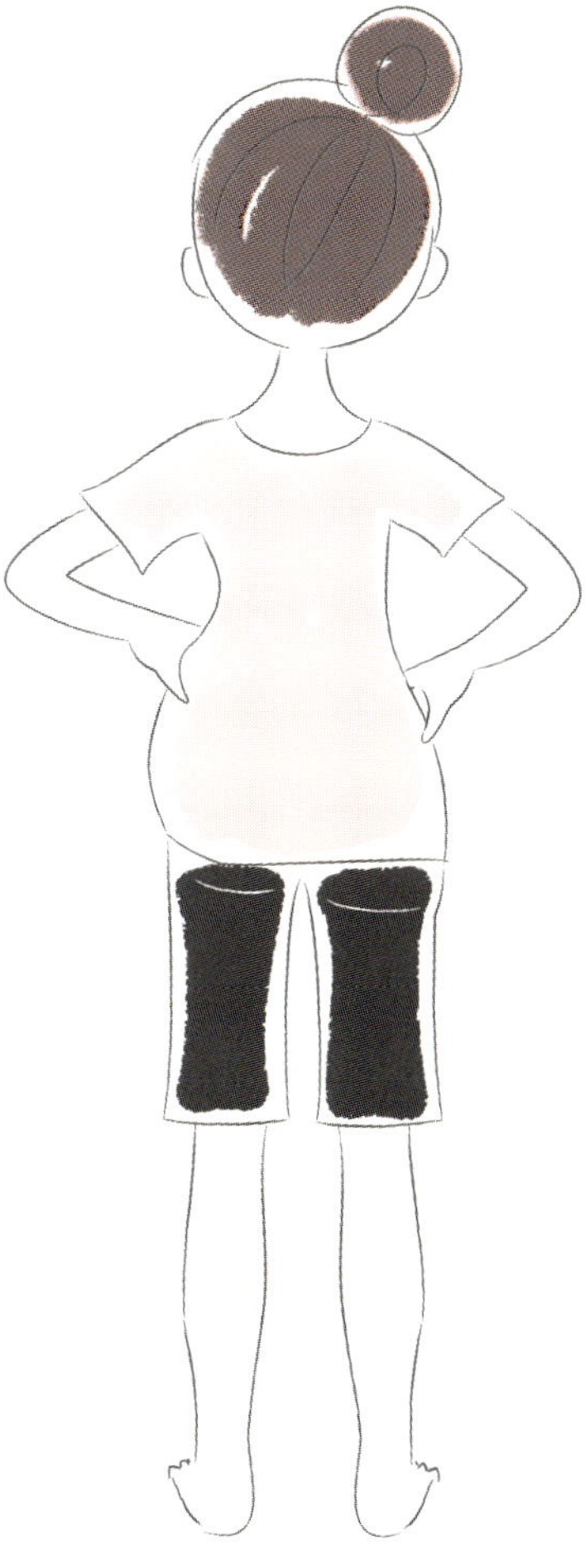

05

妊娠中のママケア①——普段の生活から

赤ちゃんがおなかの中で楽に過ごせるように、妊娠したらできるだけ早くママケアをおこない、骨盤を整えましょう。妊娠中でも気軽にできる方法を紹介します。骨盤を必要以上にゆるめない、バランスを崩さないために、骨盤を支える筋力をつけていきます。

ママケア ウォーキング

骨盤が動くのを意識しながら歩きます。

おなかの重みで腰が落ちないよう注意してください。歩幅は無理に大きくする必要はありません。おなかが張ってきたり、足が痛む時はやめましょう。

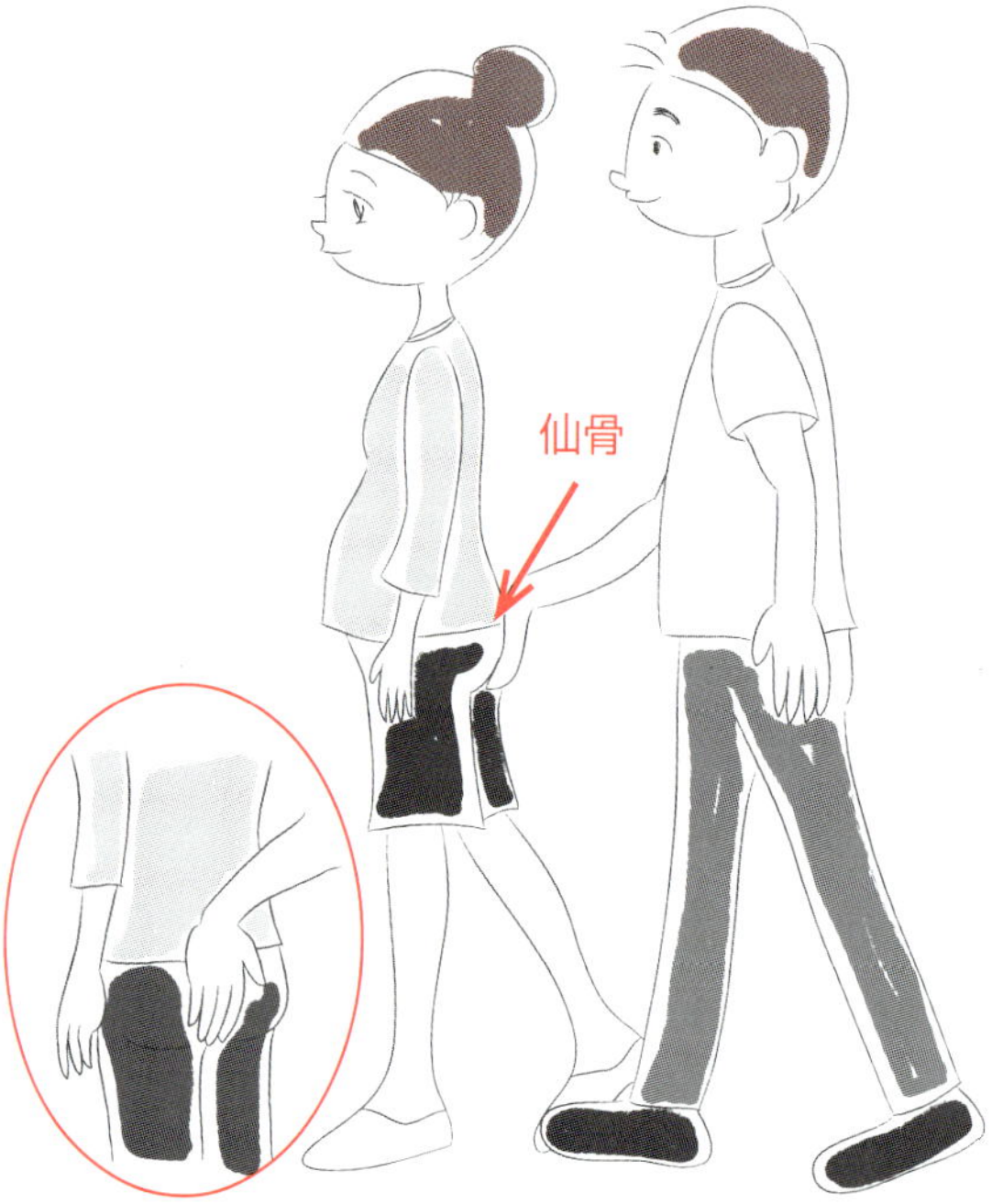

イメージがつかみにくい人は、仙骨（おしりの割れ目の上あたり）をパートナーに支えてもらい、軽く押してもらいながら歩くとよい。

ママケア ぞうきんがけ

四つんばいになってぞうきんがけをします。四つんばいで動くことで、肩や骨盤が動き、骨盤周辺や背中の筋肉がきたえられます。また、自然な乳房マッサージにもなります。

両手で交互におこなう。
前進、後進をおこなうとよい。
腰痛がある時や子宮が下がり気味の時に効果的。

母乳の出と体のバランス

乳房マッサージをしても乳腺が詰まりやすいというお母さんに、体のバランスを調整するケアを提供すると、たまっていた母乳がピューピューと出て、カチカチだった乳房がわずか 15 分でやわらかくなりました。

乳房トラブルがあるお母さんは、たいてい腰から肩までコチコチにこっています。不安定な体を支えるために、周囲の筋肉が緊張を強いられているからです。体がこっていると乳房と胴体の接点（基底部）も硬くなり、血液循環がとどこおり、乳汁分泌不良を起こしたり、乳汁がたまりすぎたりします。そうするとますますこりがひどくなるという悪循環を起こします。乳房の状態を改善できるのは、あなた自身です。セルフケアを続けることでトラブルを起こしにくいおっぱいになります。

06 妊娠中のママケア②——座り方

毎日、何気なくおこなっている動作が原因で思っている以上に体に負荷がかかります。骨盤が安定する座り方を工夫して、体のバランスを整えましょう。

不安定な座り方

仙骨（おしりの割れ目あたり）を圧迫し、腰がまるまってしまい、子宮のスペースがせまくなってしまいます。

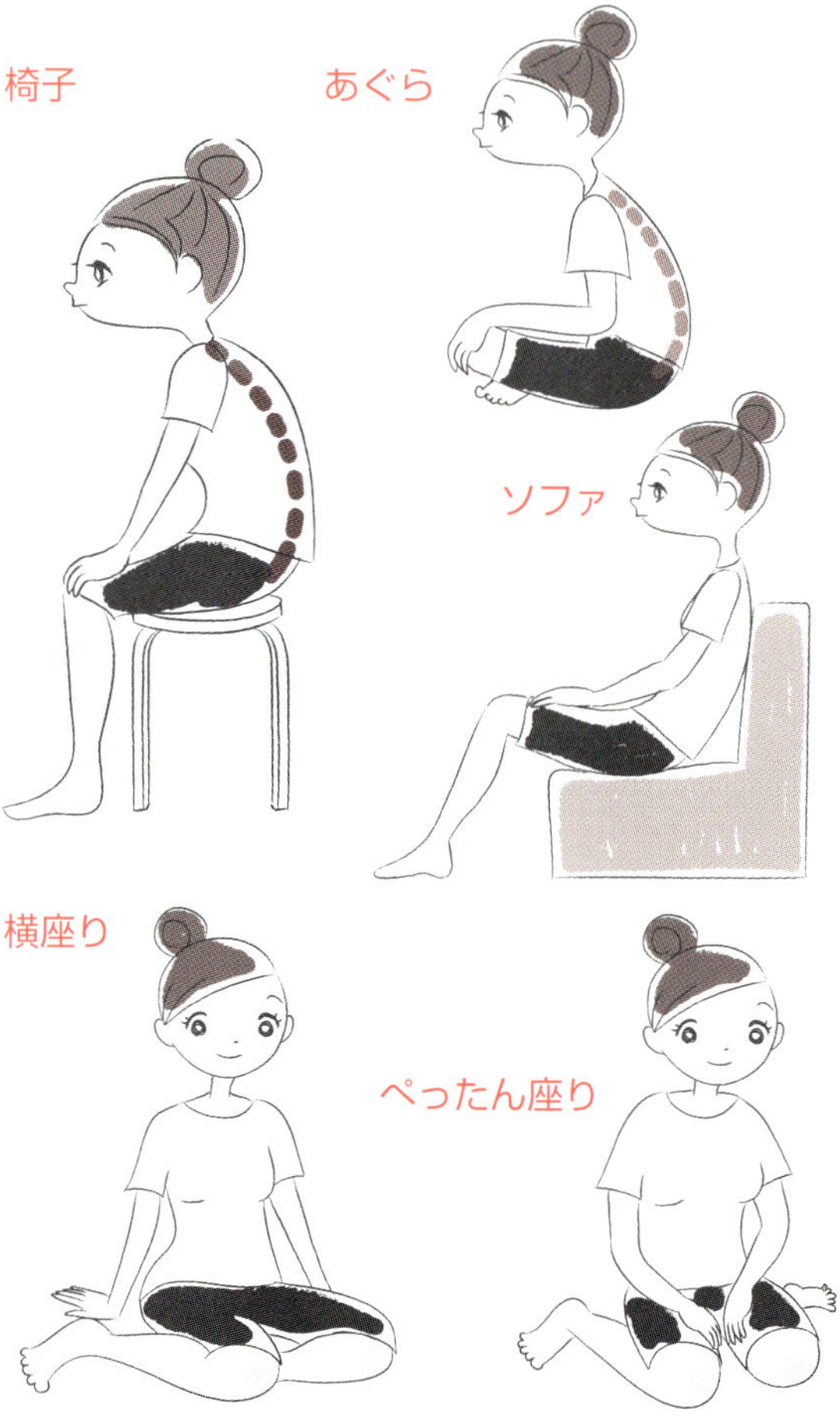

片方の坐骨のみに重みがかかる。　骨盤が末広がりになる。

ママケア 座り方

安定した座り方

坐骨に均等に体重をかけて、骨盤を立てて座ること。坐骨の下の空間をクッションなどで埋めて、おしりを立てるといいでしょう。

椅子

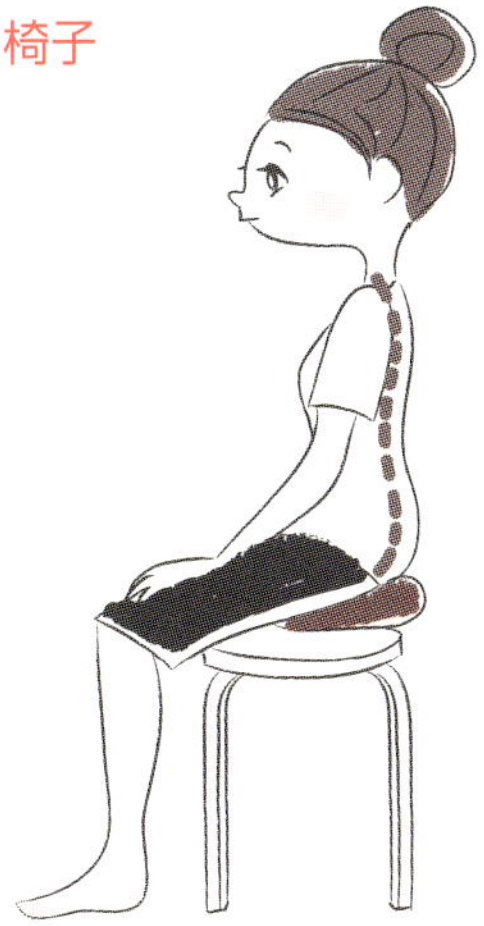

足裏が床につくように。

あぐら

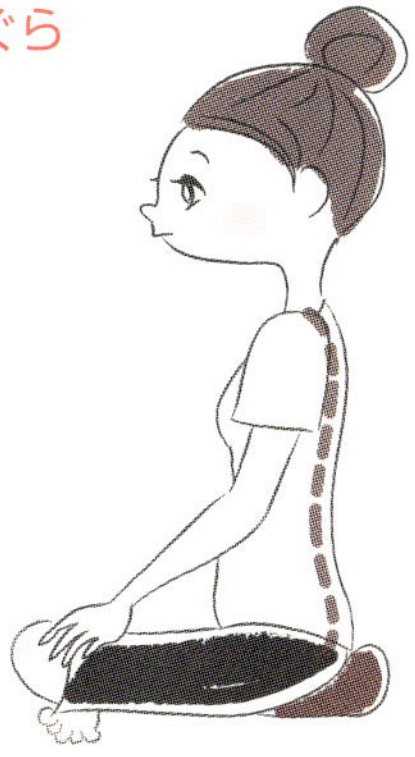

足は左右交互に組む。

正座

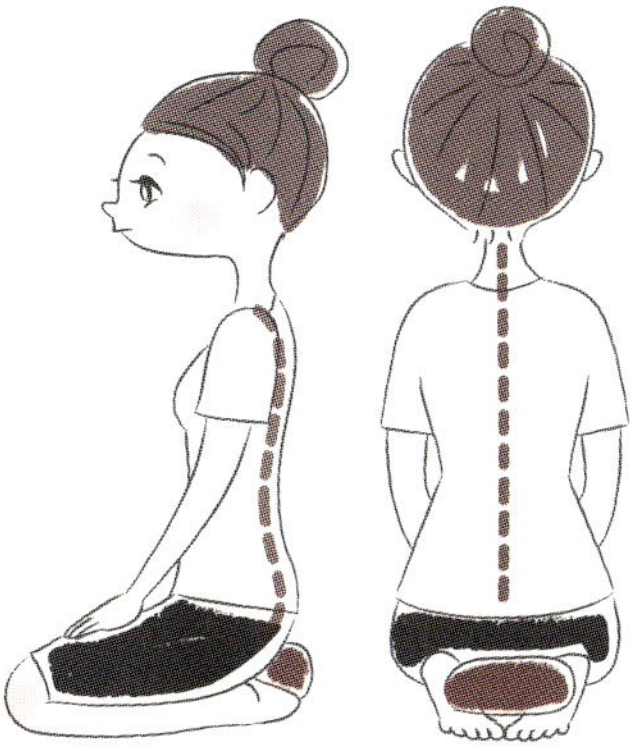

足の親指同士がふれるように。

立てひざ座り

左右交互にひざを立てて座るとよい。

07 妊娠中のママケア③——寝方・起き方

妊娠すると大きくなる子宮のために腹直筋が離開しやすくなり、動作の仕方によっては骨盤底筋群への負担もかかります。腹部と骨盤底筋群を守る寝方・起き方は、ママはもちろん、子宮の中の赤ちゃんを守るのにも役立ちます。

ママケア 楽な寝ころび方

おなかを見ながら横向きに寝て、体全体で上を向きます。

❶寝る場所に直角に座る。

❷おへそを見ながらひじをついて足を出す。

❸肩をつけて、ゆっくり横向きに寝る。

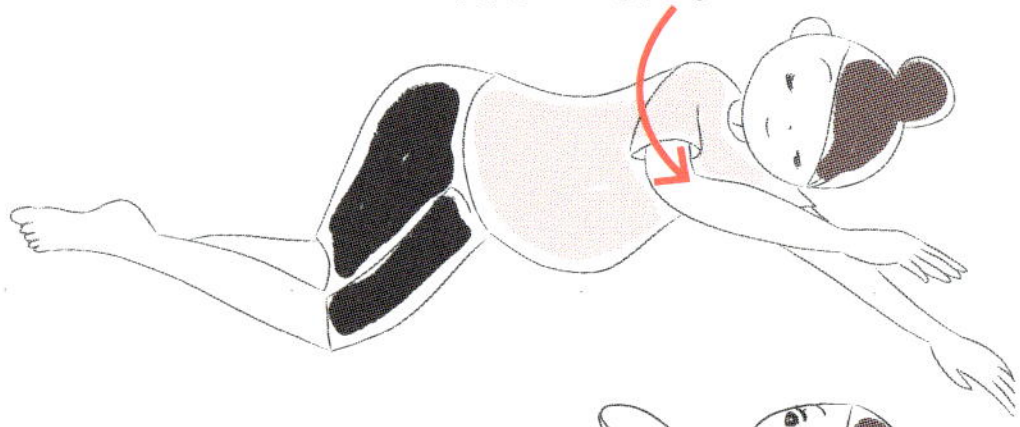

❹あおむけになる。

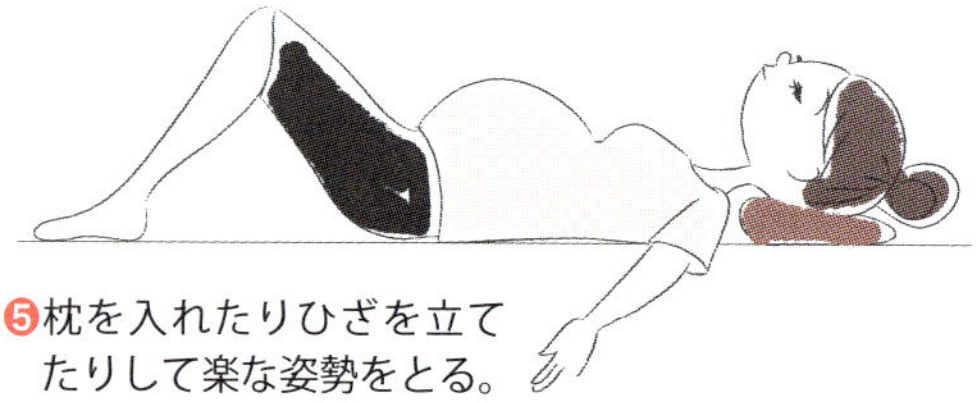

❺枕を入れたりひざを立てたりして楽な姿勢をとる。

ママケア 楽な寝方

クッションや座布団、枕等を利用して体全体をあずけてしまいましょう。

あおむけ

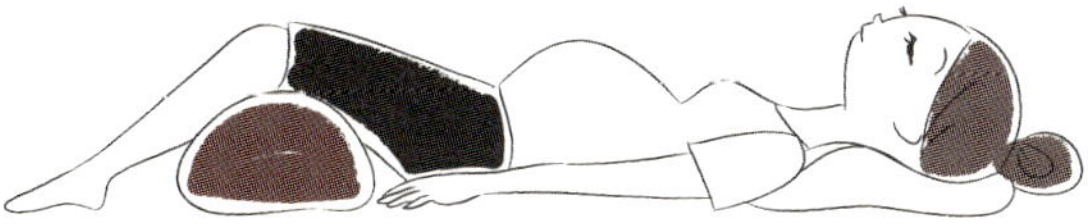

首と布団のすき間がうまるくらいの高さの枕を用意して、寝た時、首が沈まないようにする。

うつぶせ

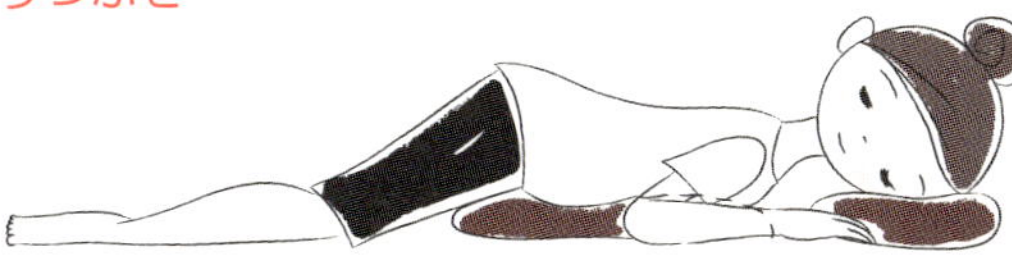

恥骨をクッションの上にのせる

おなかの下に授乳用クッションを使う。恥骨がクッションにのるようにしてあいた空間に子宮を入れるようにする。

横向き

・背骨が床と平行になるよう、体がねじれないよう工夫する。
・首と肩の間をうめる枕を使う。
・長い抱き枕を利用する（体がねじれないようにするため）。
・バスタオルなどでおなかの下を囲うように支えると、おなかのつっぱりを防げる。

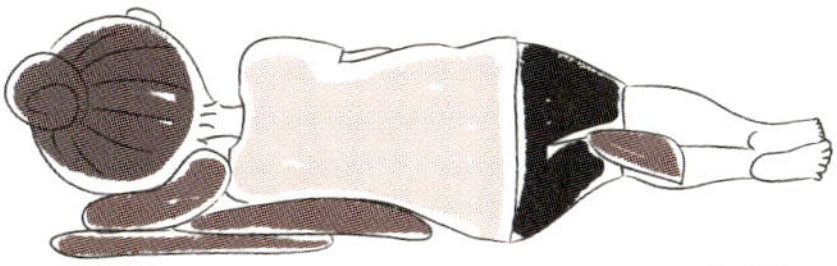

背骨と床が平行に。

抱き枕を利用して。

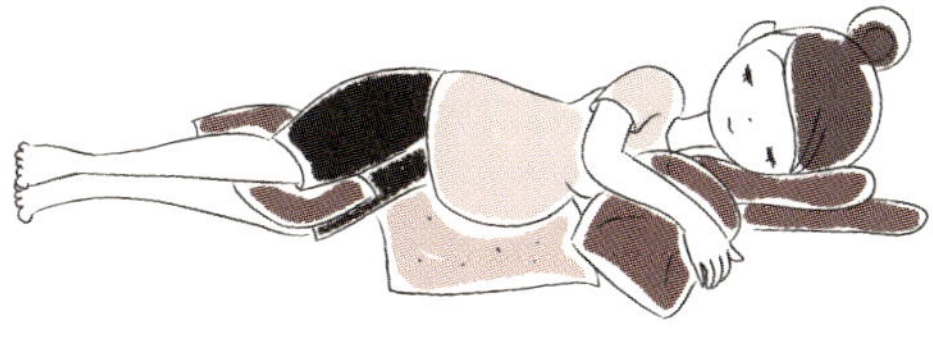

おなかがたれ下がらないように工夫する。

ママケア 楽な起き上がり方

一度横向きになり、おしりを起きる方向と反対（後ろ）に引いて、おなかを見ながら上体を起こします。

❶

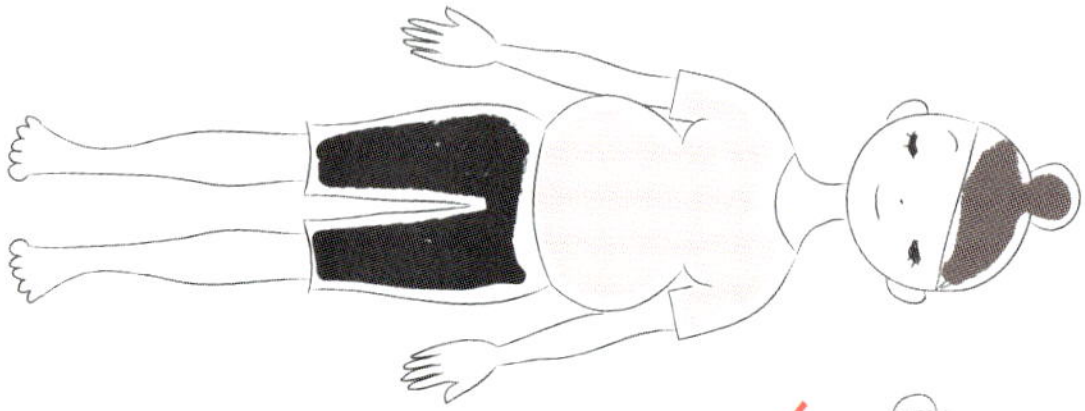

❷

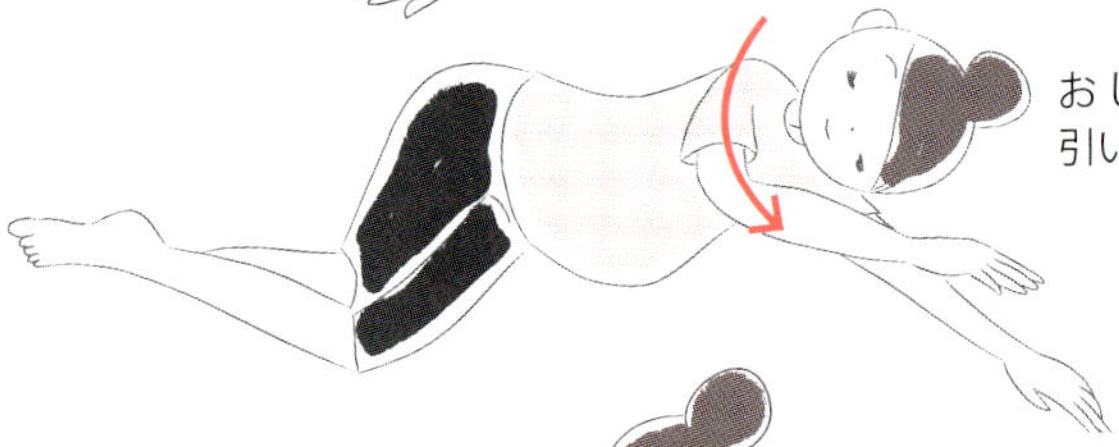

おしりを後ろに引いて横を向く。

❸

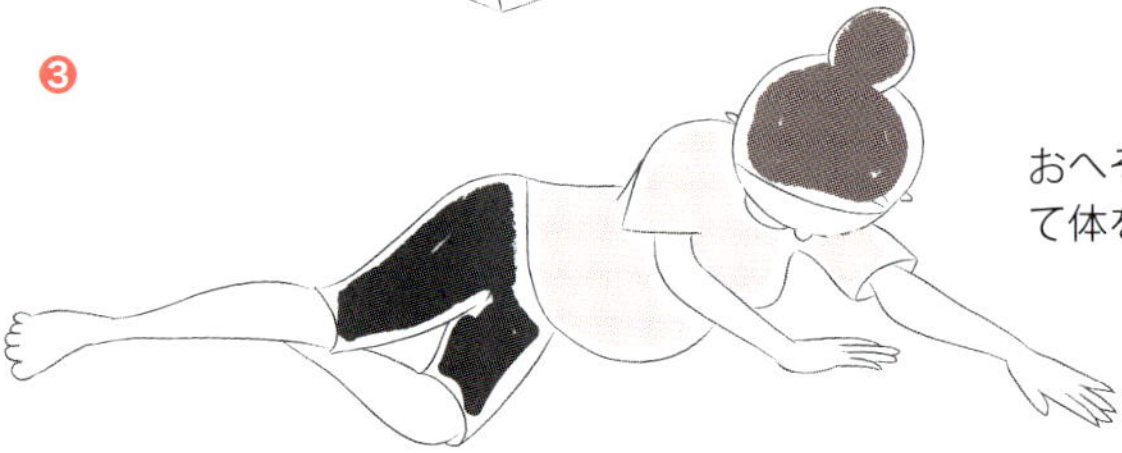

おへそを見ながら手をついて体を起こす。

❹

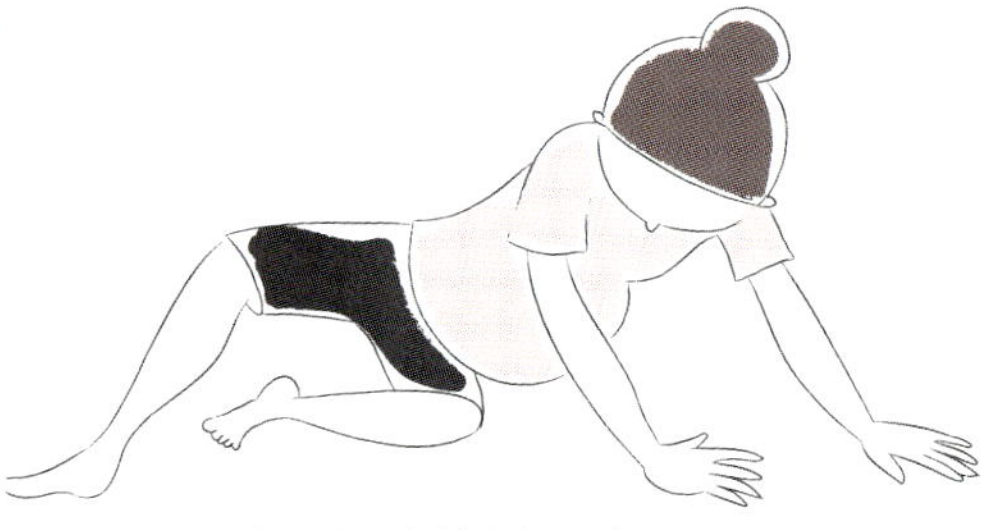

ゆっくり上体を起こす。

❺

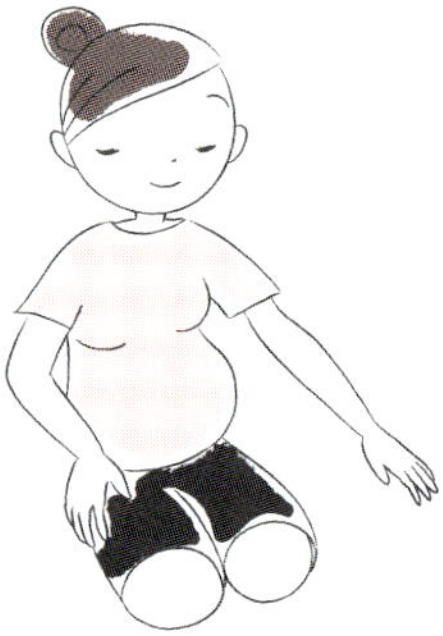

ママケア 立ち上がる前の準備

椅子から立ち上がりにくい、立ち上がる時に痛みがあるという時は、足に力が入りにくく、足を踏み込んでもおしりまで力が伝わらず、骨盤が締まらないためです。足の踏み込み運動をして立ち上がる準備をしましょう。

足の踏み込み運動

❶　❷〜❹　❺

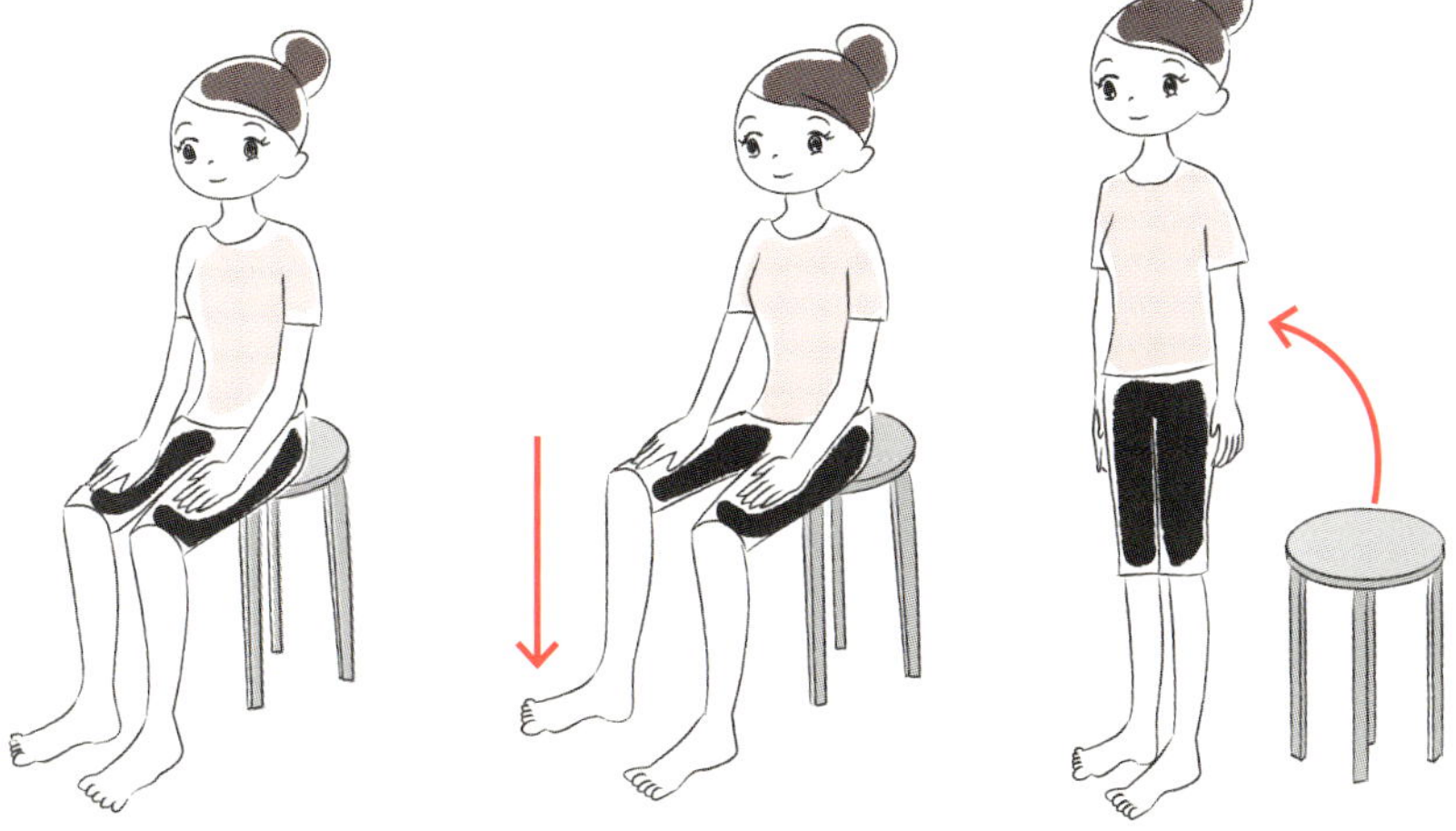

片足ずつゆっくり踏み込む。

❶椅子に浅めに腰掛ける状態になる。
❷片足ずつ、足の裏を床につけてゆっくりと力を加える。足の裏、ふくらはぎ、太もも、おしりと、順々に力が伝わり、筋肉が緊張するように、じわじわと踏み込む。
❸左右差がある場合には、踏み込みやすい方を何回か繰り返しておこない、その後、反対側もおこなう。
❹どちらの足も踏み込みにくい場合には、ママケア④の「足のセルフケア」をおこなってから、再度やってみるとよい。
❺片足ずつおこなって、左右のおしりまでしっかり力が入るようになったら、両足一度に踏み込んで、立ち上がる。

08

妊娠中のママケア④――足のセルフケア

重くなってくる体を支えて気持ちいい生活をするには、しっかり足の裏で地面を押して立つ、ということが大切です。足の指を伸ばし、足の裏のアーチをつくり、柔軟な足首になるよう毎日ケアしましょう。

足指じゃんけんとタオル寄せ

❶

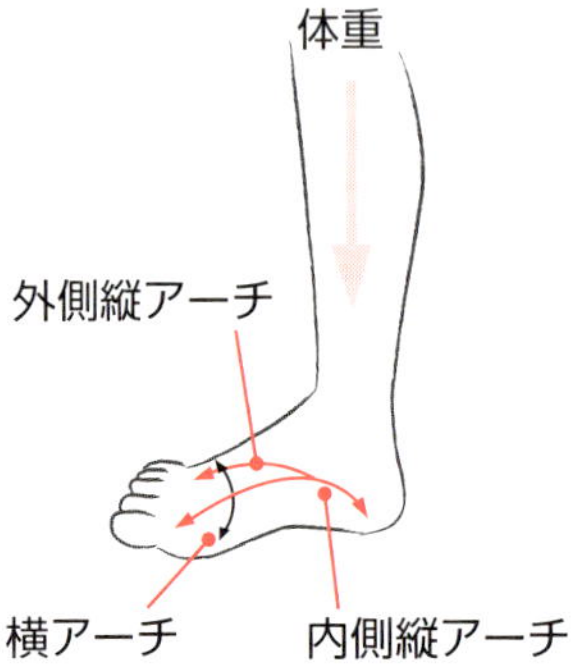

❷

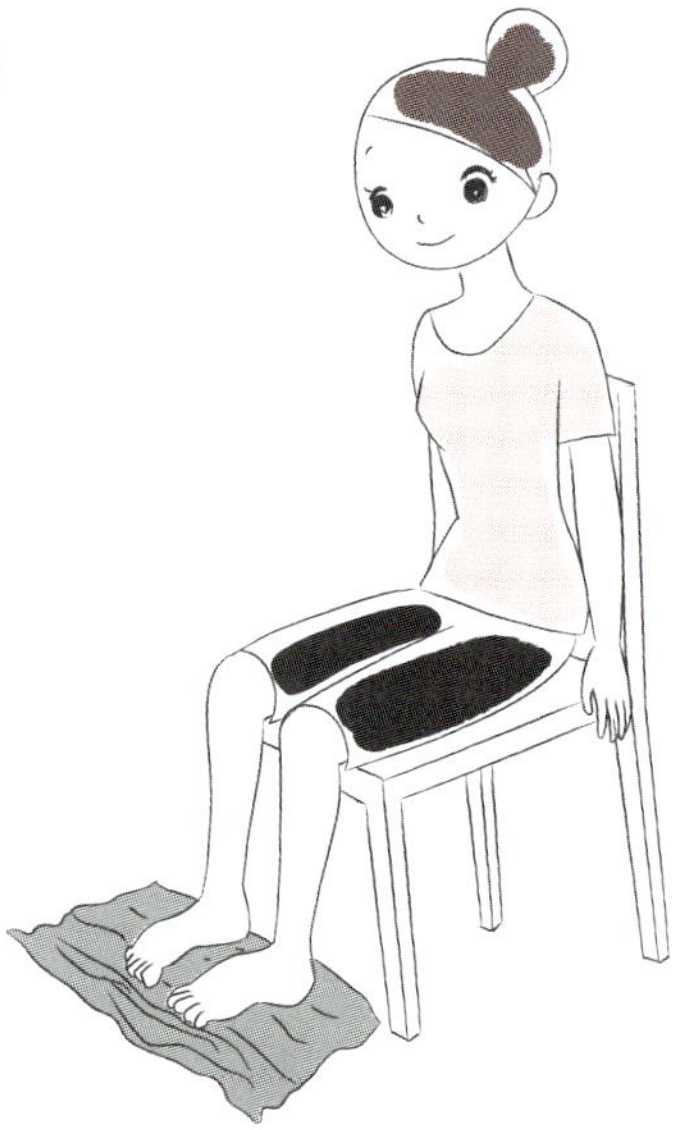

❶足の指でグーパーして足の裏にアーチをつくりながら、足指じゃんけんをする。
❷椅子に座り、床に敷いたタオルを足指でたぐり寄せる。

ママケア　妊娠中の足のケア

片足ずつおこないます。片方の足をおこなったら、一度立ってみましょう。ケアの前後で、足の裏の感触が変わって、しっかり地面をとらえられることを感じてみましょう。そして、もう片方の足のケアをおこないましょう。

アーチをつくるマッサージ

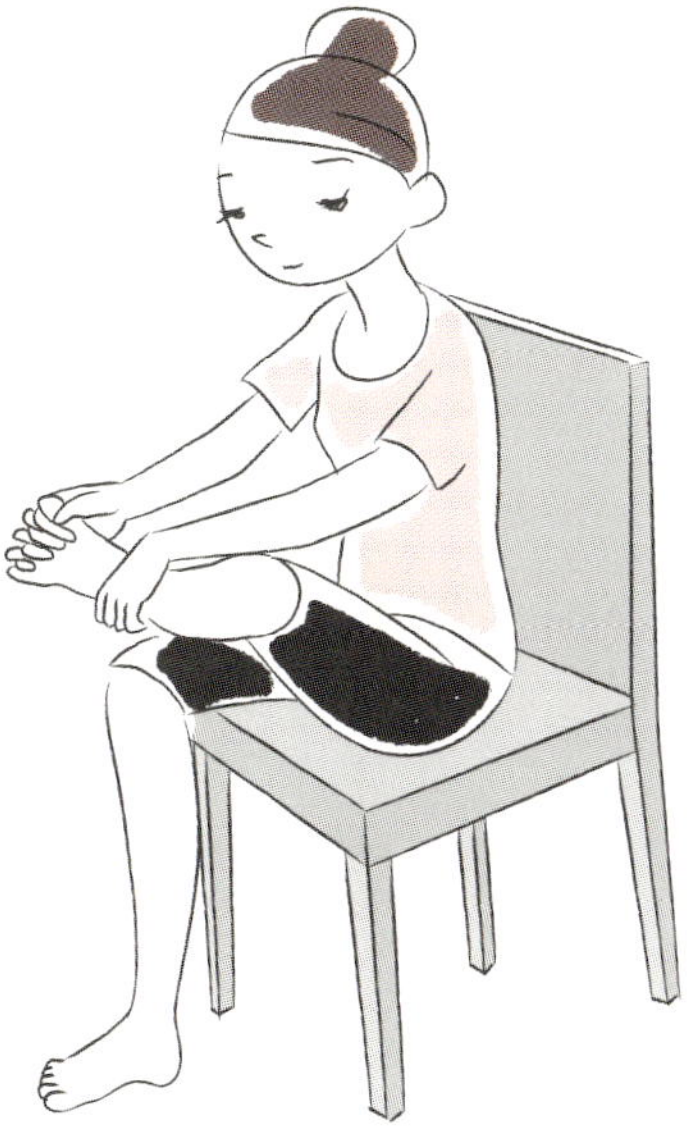

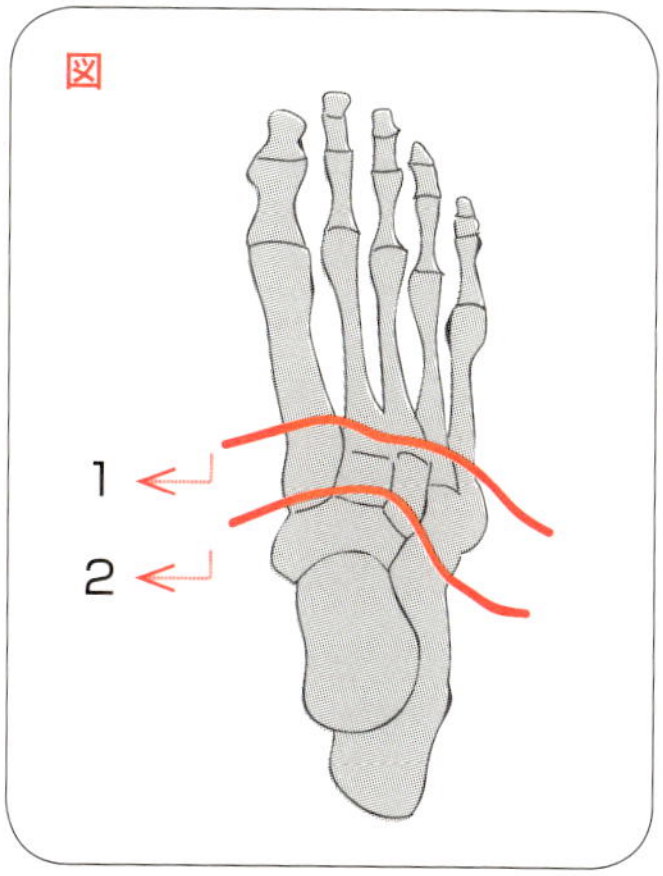

❶椅子などに座って、左右どちらか好みの足からはじめる（足首を軽く回してみて、気持ちよく感じる方からはじめる）。
❷足の指をやさしく持って、少し伸ばしつつ、内回し、外回し、各5～6回ずつ回す。小指からはじめて親指まで回す。
❸足と同じ方の手で、足の甲の高いところを支え、反対の手で足の裏から足の指の間に手の指を入れ足の甲の関節（図の1と2）、そして足首をゆっくり回す。内回し、外回し各数回ずつ。
❹足の裏の横アーチをつくるように、足を縦に折り曲げるようにほぐす。

09

妊娠中のママケア⑤
——やさしい骨盤体操

妊娠中でもできる体操です。13ページの操体法の基本を参考に、動きにくい方に無理して動かさないこと、自然な呼吸をくり返し、息を止めずに動くこと、脱力後の余韻を味わうことを忘れずにおこないましょう。

腹筋・背筋などの伸縮力が改善され、子宮の位置も変化します。脇をのばし、反対の脇をちぢめるようにします。

体側のばしの操体法

腕を組みながら。　手を下ろしたまま。　手をあげながら。

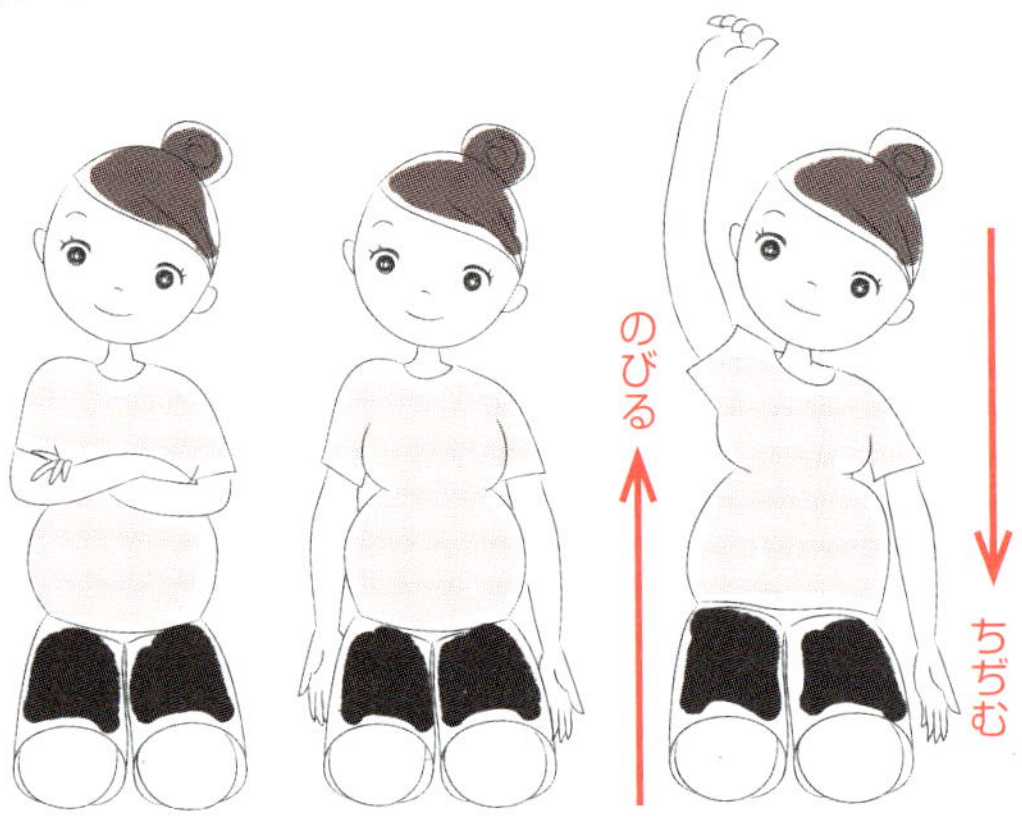

❶座る（正座、あぐら）、立つ、あおむけで楽な姿勢を選択する。
❷腕の位置を決める。のばす側の腕をあげる方法、腕組みをする方法、腕を下げたまま肩を動かす方法のうち、楽なものを選択する。
❸選んだ姿勢、選んだ腕の位置で、どちらの体側がのばしやすいか確認する。
❹動かしやすい方をじわっとゆっくりのばし、一番気持ちよいところで2呼吸程度、数秒キープする。
❺息を吐きながらふわっと脱力。脱力後、2呼吸程度、数秒休み、体に血が通う感じを味わう。
❻動きやすい方を3回、動きにくい方を1回、差がない時は、交互に2回ずつおこなう。
❼つらい時、不快な時はやめる。

ママケア 妊娠中の操体法

こわばった骨盤周囲の靭帯筋肉がほぐれます。

骨盤調整の操体法

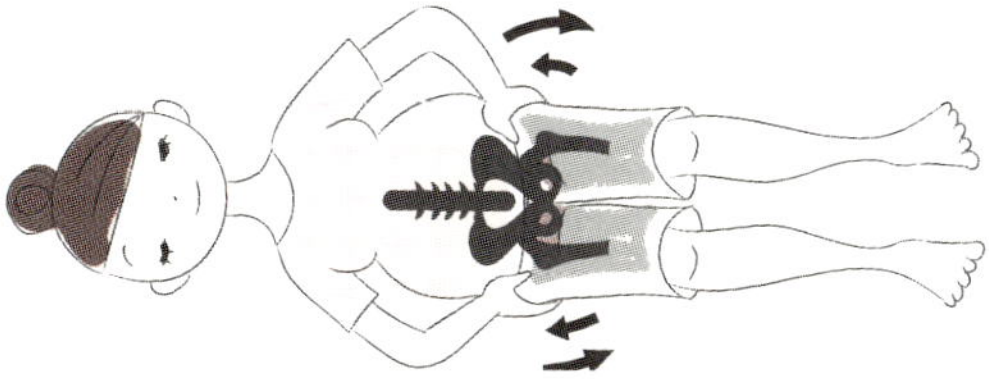

❶あおむけに寝ころがり、ひざを曲げるか、足をのばすか、楽な方を選択する。足は開くか、閉じるか楽なようにする。おしりに違和感がある人は、タオルなどを敷く（28ページの楽な寝ころび方参照）。
❷骨盤をスライドするように動かし、楽に動かせる方向を探す。
❸ 13ページを参考に操体法をおこなう。
❹つらい時、不快な時はやめる。

しっぽ探しの操体法

正座

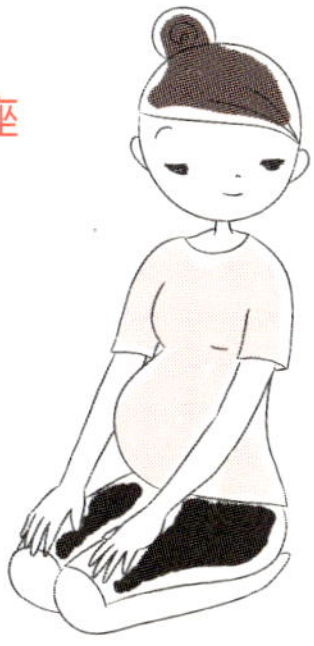

あぐら

❶正座、肘膝位、四つんばい、狛犬のポーズやあぐらから、楽な姿勢を選択する。
❷肩ごしにしっぽ（おしり）をのぞくように体をひねる。
❸ 13ページを参考に操体法をおこなう。
❹つらい時、不快な時はやめる。

肘《ちゅう》膝《しつ》位《い》

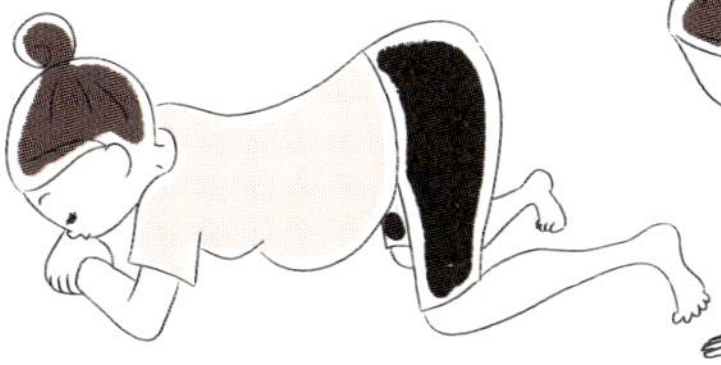

四つんばい

狛犬のポーズ

10

妊娠中のママケア⑥
——骨盤をしっかりさせる呼吸法

体幹を支えているのは、「インナーユニット」という筋肉群です。この筋肉は、呼吸によって動かすことができます。

妊娠出産に大切な骨盤底筋群も、インナーユニットの仲間で、横隔膜とシンクロした動きをして、腹部の内臓を支えると同時に、骨盤を内側から支えています。

骨盤底筋群は、妊娠中は、大きく重くなる子宮（赤ちゃん）を支え、分娩では大きく引き伸ばされます。弱ってくると子宮が下がりやすくなったり、尿漏れや便秘、傷の腫れや痛みなどに影響します。妊娠中から、インナーユニットを意識した深呼吸で、骨盤底筋群を鍛えて、気持ちよい妊娠や産後の生活に備えましょう。

❶ゆったりと楽な姿勢になる（ひざを曲げたあおむけ姿勢など。上半身は少し起こしてもかまいません）。

❷軽く息を吸って、肛門や膣を締めるように力を入れる。軽くおなかをへこませながら、背中から骨盤が丸くなるように息を細くゆっくり吐ききる。

❸胸を広げる（肋骨が広がる）ように少し背中が反るくらいにしっかり息を吸う。

❹❷❸を数回くり返す。

!

息を吐く動作は、肛門や膣を締める（骨盤底筋群を鍛える）動作からはじめることを意識します。
胸で息がうまく吸えない人は、肋骨に手を当てて、少しずつ肋骨が動くように吸う練習をしましょう。

ママケア 妊娠中の深呼吸

妊娠中でも産後でも、子宮が下がってくるような感じがあったら、まずは横になり、落ち着いて深呼吸をしてみましょう。子宮が上がって柔らかくなると、赤ちゃんにも、酸素が行き渡りやすくなります。

息を吸う時

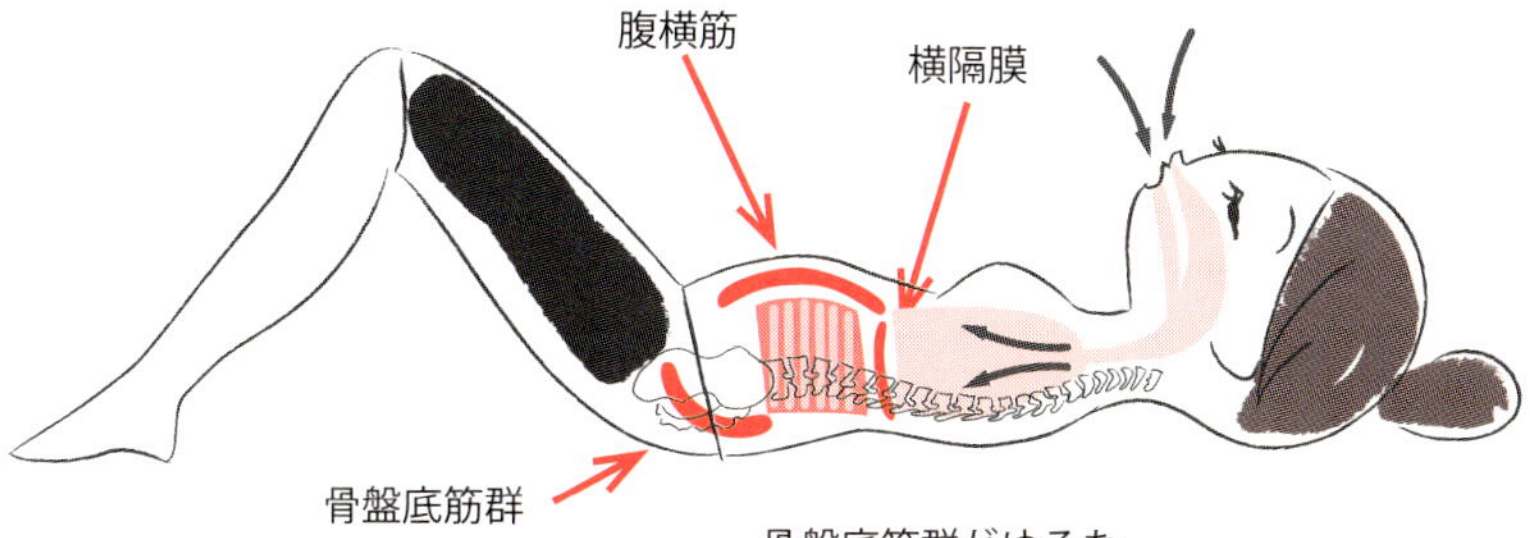

骨盤底筋群がゆるむ。

息を吐く時

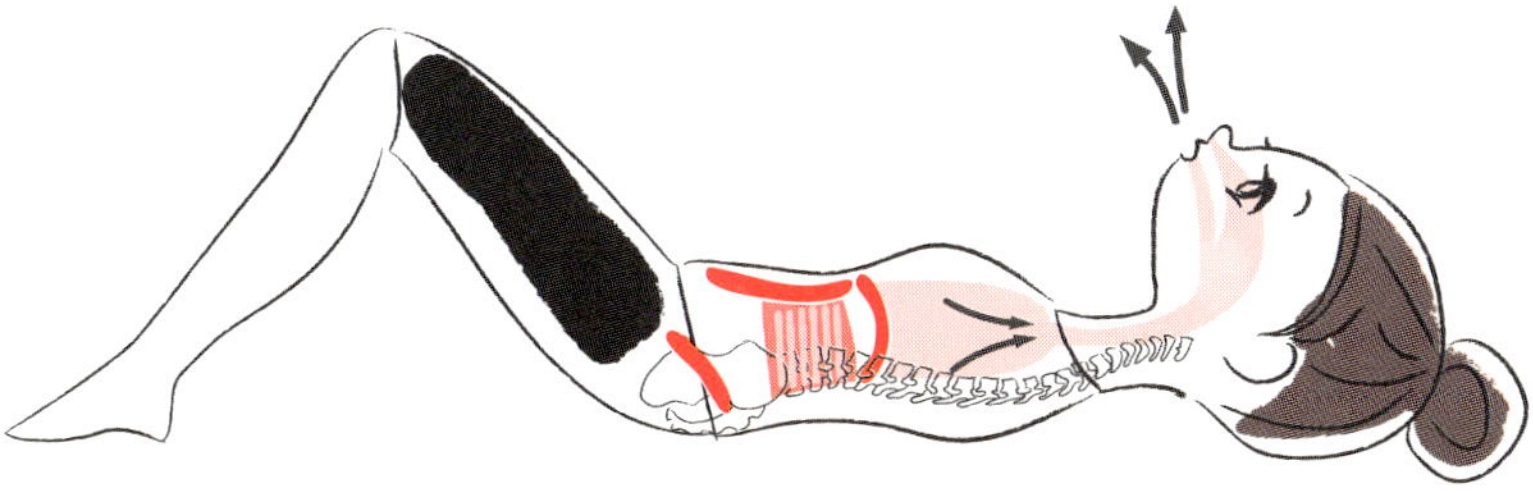

骨盤底筋群が引き上がる。

11

妊娠中のママケア⑦——下着の工夫

適切な下着を選ぶことで子宮の成長を守ります。下着は子宮を上から押さえつけるタイプではなく、ウエストのゴムが恥骨にかかるものが楽でしょう。

ママケア 下着のつけ方

下着は子宮の上からかぶせず、子宮を上から押さえつけないようにします。ウエストのゴムが恥骨にかかるものが楽でしょう。

楽な下着

ビキニなど、ウエストのゴムが恥骨のあたりにくるもの。

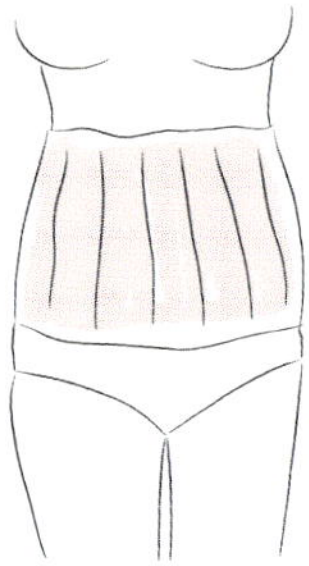

おなかを出したくない人は腹巻きでゆったり覆う。

つらい下着

ウエストのゴムが子宮にかぶったり、子宮の上にくるもの。

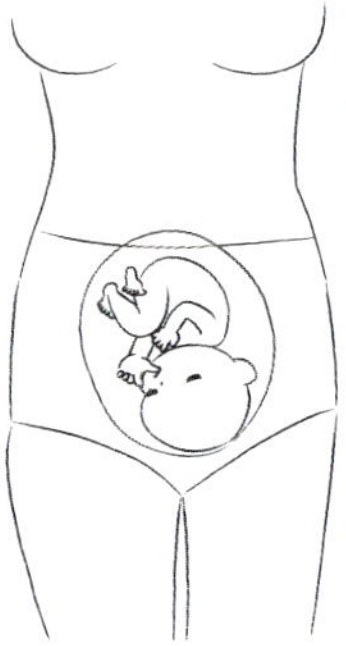

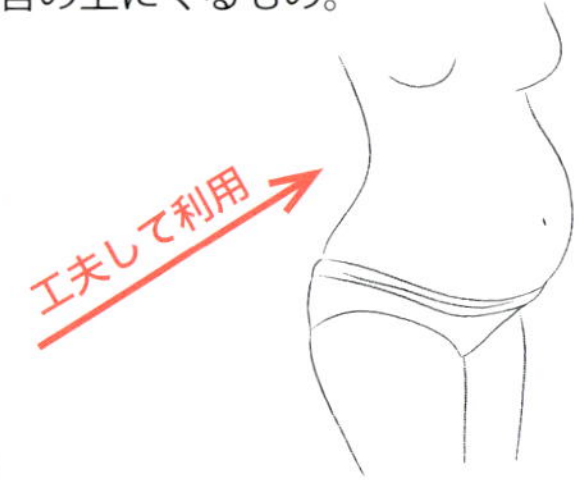

ウエストの部分を恥骨の位置まで折り曲げるとよい。おなかの冷えが気になったら、腹巻きなどで軽く覆う。スパッツやタイツもウエストの部分を折り曲げ恥骨の位置で止める。

12 妊娠中のママケア⑧——腹帯の工夫

腹帯は必ずつけなくてはいけないというものではありません。おなかが前にせり出す人や、腰がそる人はおなかを支えることで楽になります。また冷え予防にもなります。おへそより下の下腹部を、下から持ち上げるように支えます。木綿や絹などお肌にやさしい素材でできた総ゴム編みのものを選びます。さらしが好きな人は、次のページを参考に巻いてください。慣れないうちは家族に手伝ってもらうとよいでしょう。寝ころんで巻くと子宮を適切な位置で支えることができます。

腹帯をおへその上までしっかり締めてしまうと、子宮が押さえつけられて母体の血液の循環が悪くなり、足がむくんだり、静脈が太く浮き出てしまうことがあるので注意しましょう。さらには高血圧になったり、たんぱく尿が出ることもあります。気持ちのよい適度な強さ、適切な位置に巻くことが大切です。

さらし以外にも市販の薄手の生地の術後腹帯でも応用できます。

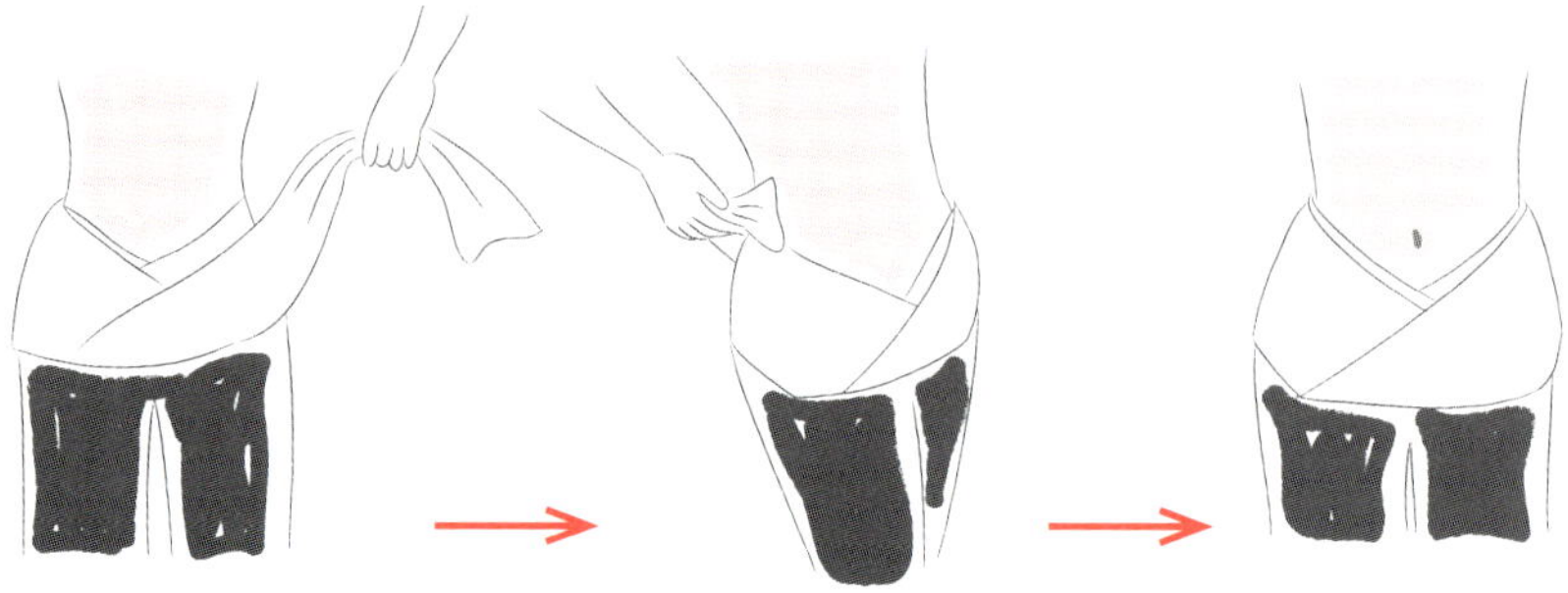

❻もう一方も恥骨に重なった位置で折りあげる。

❼端をはさみ込む。

❽できあがり。
上はゆったり、下はピッタリなっていればＯＫ。

＊市販の薄手の術後腹帯でも応用できます。

できあがり　背中から腰が気持ちいい高さで。おへその下から支える。

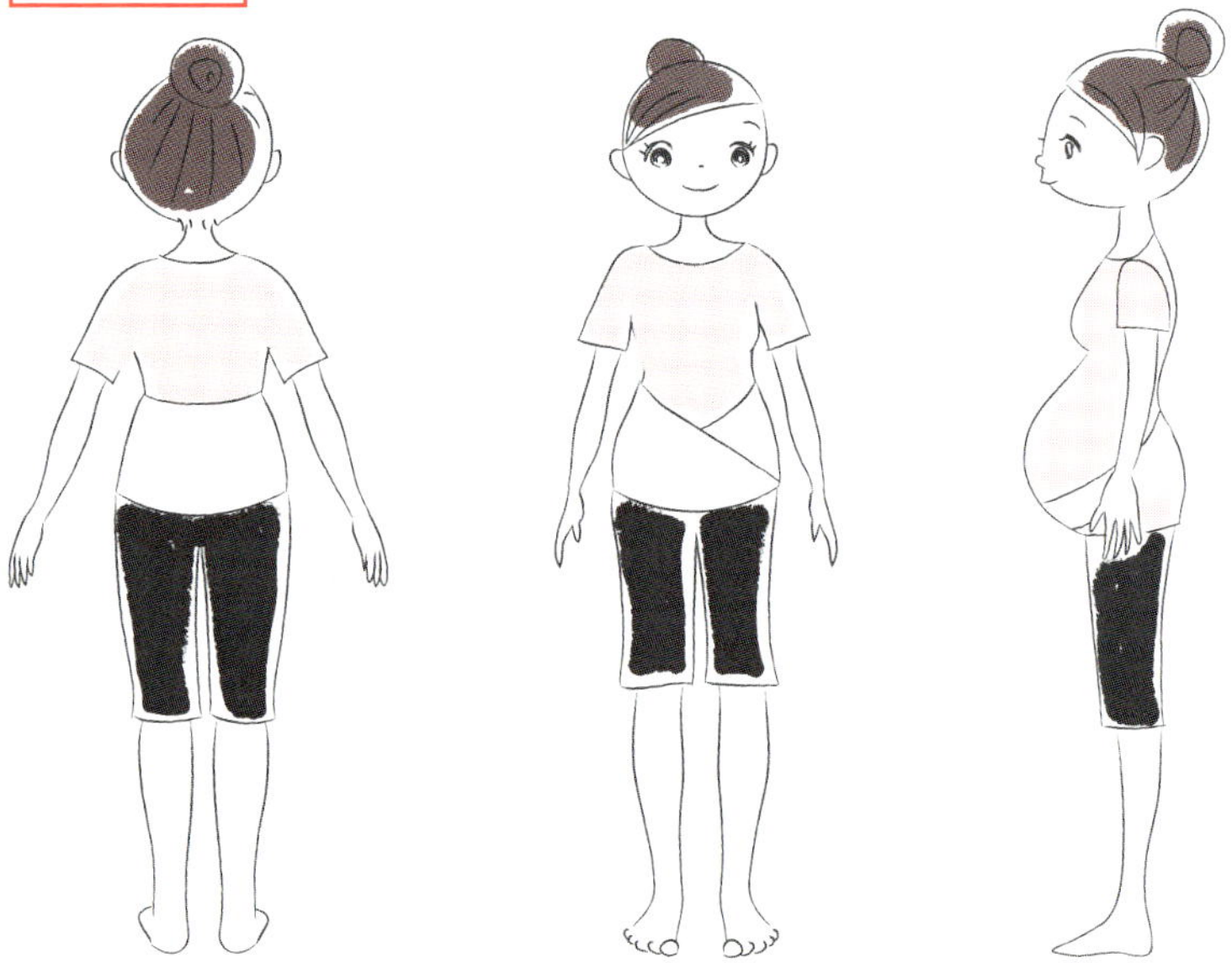

ママケア 腹帯のつけ方

1/2 幅、1/4 反（約 2.5m）のさらしを用意します。ベビー用品店や呉服店、通販などで購入できます。さらしはギュッと引かず、体にそわせるようにつけていきます。できれば寝ころんでつけるとよいでしょう。

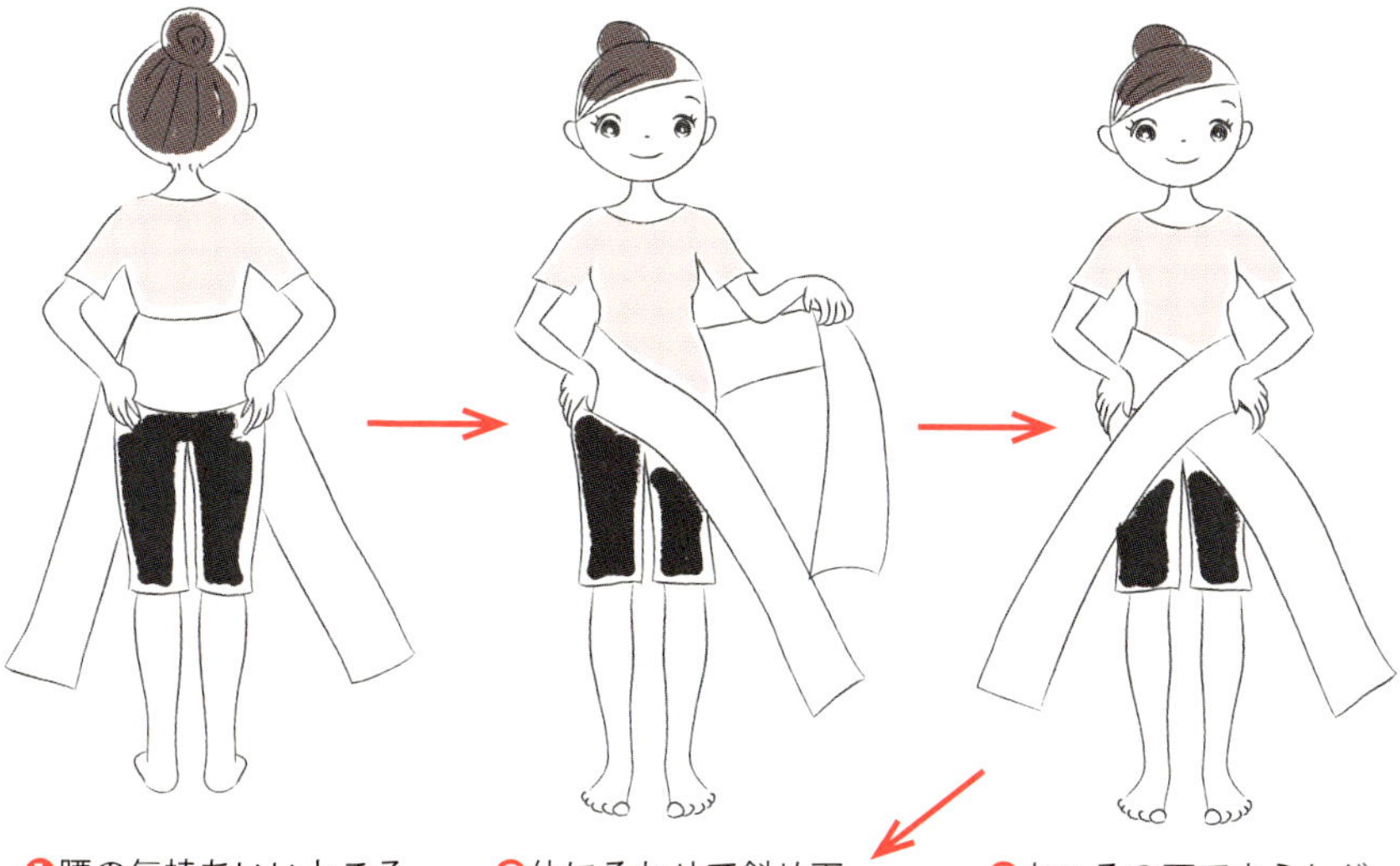

❶腰の気持ちいいところにさらしを当てる。

❷体にそわせて斜め下におろす。

❸おへその下でさらしが重なるように。

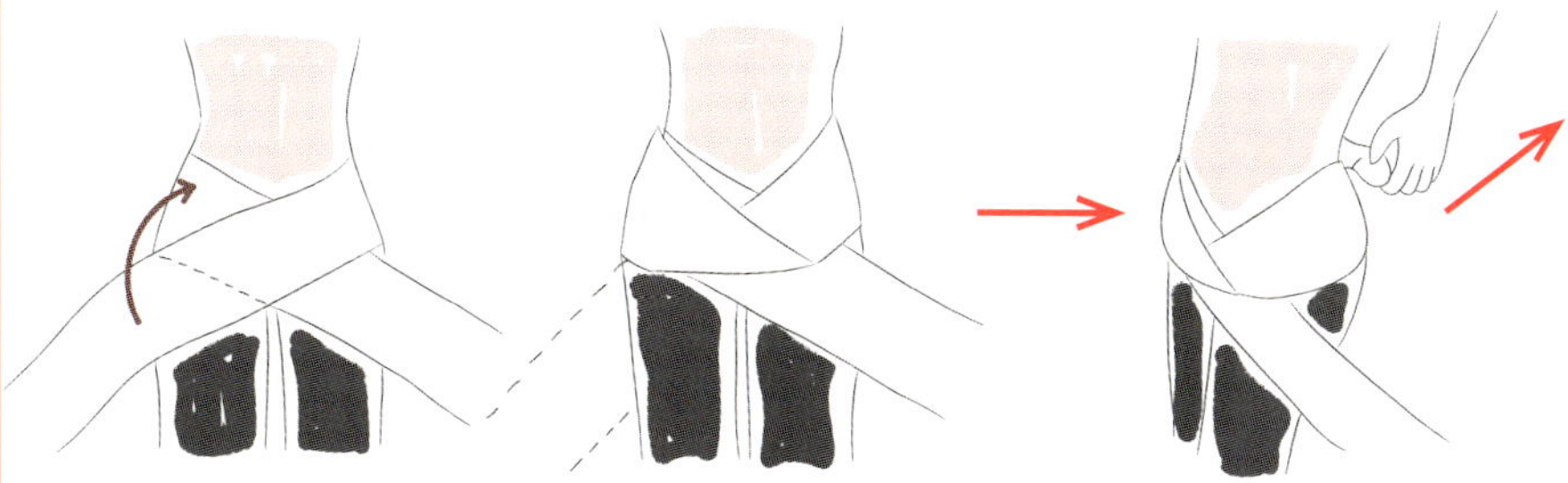

❹恥骨に重なるくらいで折りあげる。

❺体にそわせて後ろへ回し端をはさみ込む。

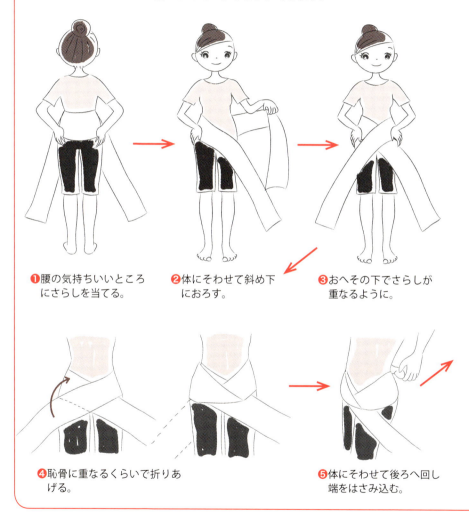

13 妊娠中のママケア⑨ ——さらしで骨盤を支える

妊娠すると腰やおしりが痛いという人や、立てない、歩けないくらい痛みがひどくなってしまうという人もいます。ひどいつわりや肩こり、不眠、頭痛、腕のしびれが表れる人もいます。妊娠するとホルモンの影響で体を支える力が弱くなるため、かわりに周辺の筋肉が必要以上に緊張して体を支えます。不快症状は筋肉への負荷の表れであることがよくあります。

そんな症状の時は、これまで紹介したママケアをおこない筋肉のバランスを改善します。それでも体が安定しないときは骨盤をさらしなどで支えます。

40ページで紹介した腹帯のつけ方と違う点は、恥骨のまわりに巻く点です。骨盤の3つのつなぎ目（左右の仙腸関節、恥骨結合）を支えるためです。

その際、寝ころんだ姿勢で骨盤を支えると、子宮などの内臓を骨盤が支えられるようになり、周辺の筋肉や靭帯の負担が減り、不快症状が軽減します。便秘や尿もれなどの症状も改善します。

さらしは、「気持ちいい」「支えられ感がある」方向、位置に巻きましょう。

ママケア 骨盤を支える位置

恥骨が重なる位置を支えます。腰骨と呼ばれるところ（上前腸骨棘《じょうぜんちょうこつきょく》）より下に巻きます。何回か試し自分が一番気持ちがよい、安定すると感じる支え方を探ります。毎回同じとは限りません。

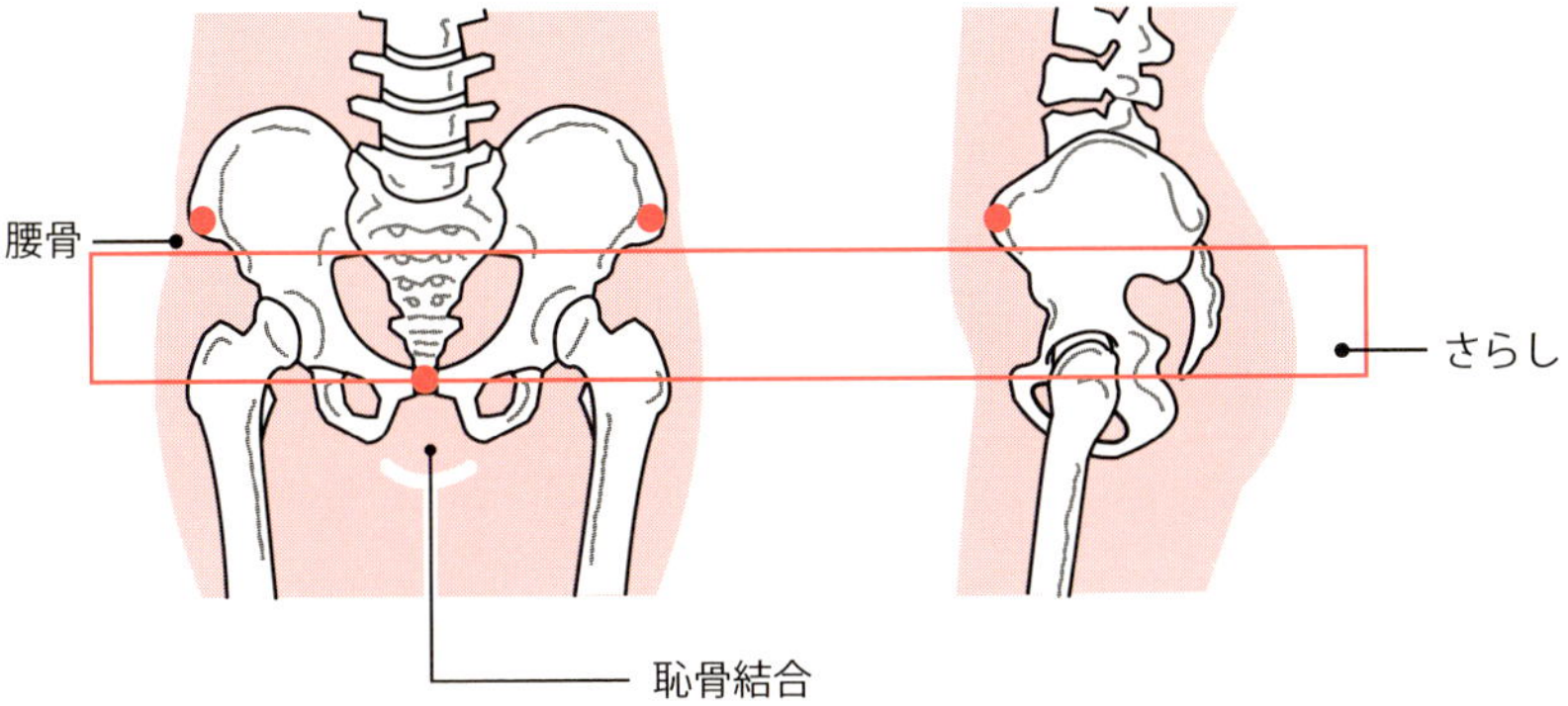

こんな布がおすすめ

幅 8cm 以下、伸縮性のない布がおすすめです。
さらしを折りたたんで使用（47 ページ参照）。旅館などにあるゆかたの帯なども伸縮性があまりなく使いやすいでしょう。

生活上の注意

トイレの時にさらしをはずさなくてよいように、さらしの上から下着をつけます。

寝返りがつらい、朝起きる時つらい、夜中トイレに何度も起きるなどがある時は、夜もつけて寝ると楽なことがあります。

> ! 骨盤を支えることで不快感、圧迫感などがある場合は、すぐはずします。操体法と内臓下垂の改善をくり返して体を整えます。

2. 立ち姿勢で巻く方法（前から後ろへ巻く場合）

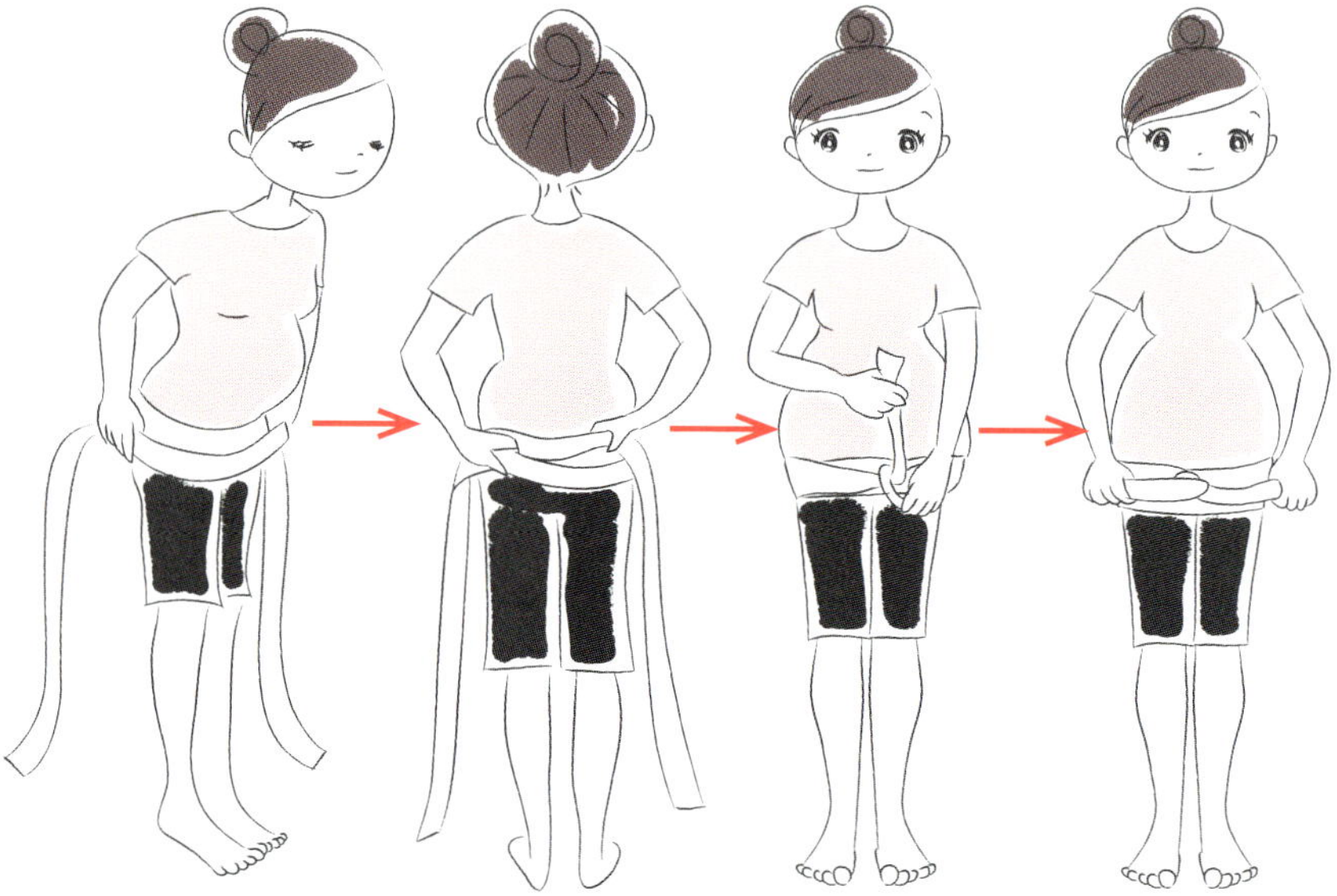

❶安定した立ち姿勢からはじめる。

❷さらしを体にそわせる。

❸おしりの筋肉をじわっとしめ、ゆるんだ分のさらしを引いてぴったり巻く。

❹さらしと体にすき間ができないように調整する。巻く方向が前から後ろか、後ろから前か、おしりの位置はどのへんがよいか、何度か試しどこが安定するかを探す。

❺座って苦しくないか、さらしが体にくい込んでいないか確認する。巻く前よりも、体が安定すればＯＫ。

！ さらしをはずすと支えていた内蔵が一気に下垂するため、下腹に衝撃を与える。とくに妊婦は胎児や羊水の分過重になるため慎重におこなう。

ママケア さらしで骨盤を支える

骨盤を支える前または後に、34ページの「体側のばし」と35ページの「骨盤調整の操体法」をおこなって体のバランスを調整しましょう。骨盤内に下がっている内臓をあげて、下垂を改善しましょう。

1. 寝ころがって巻く方法

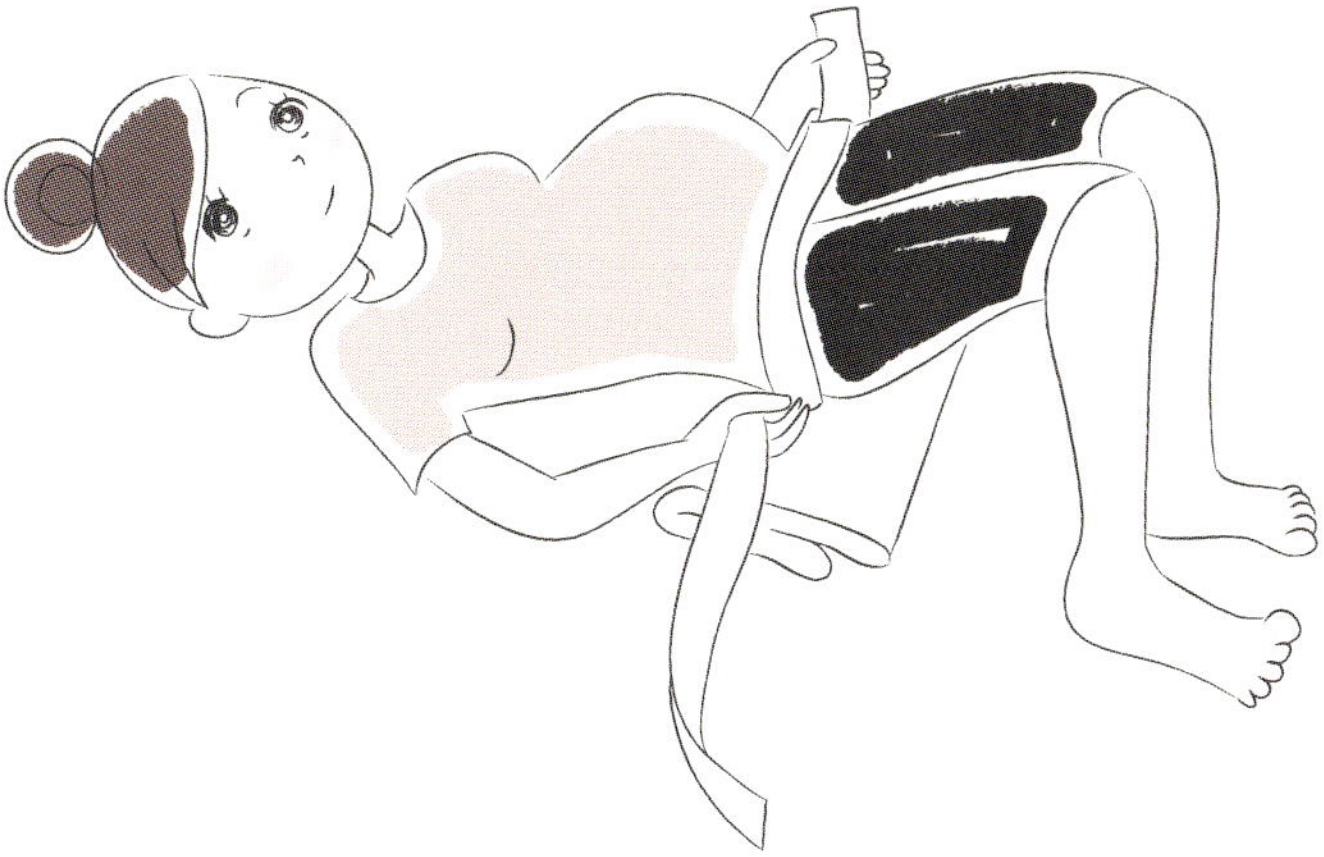

❶あおむけに寝ころぶ。ひざを立ててもＯＫ。

❷しばらくゆったりと寝て、深呼吸を数回する。

❸できる人は腰をあげてクッションなどで支える。

❹巻き直しが必要かどうか足をのばして確認する。

さらしの巻き方の動画

❺ゆるい時はそのままの姿勢で腰をあげてさらしを巻く。決してさらしをぎゅっと引っぱらないように。端は入れやすい場所に差し込んで。

❻はずす時は、座るか寝ころんでおしりをしめながらはずす。骨盤を支えたさらしをはずすと、骨盤が支えていた内臓が一気に下垂し、下腹に衝撃を受けるため。とくに妊婦は胎児や羊水の分過重に衝撃を受ける。

14 妊娠中のママケア⑩——かんたん骨盤体操

骨盤や背骨のバランスをよくし、腰の筋肉をほぐしておしりや腰、背中の痛みをやわらげます。骨盤をさらしなどで支えてからおこなってもよいでしょう。

ママケア 腰回し運動

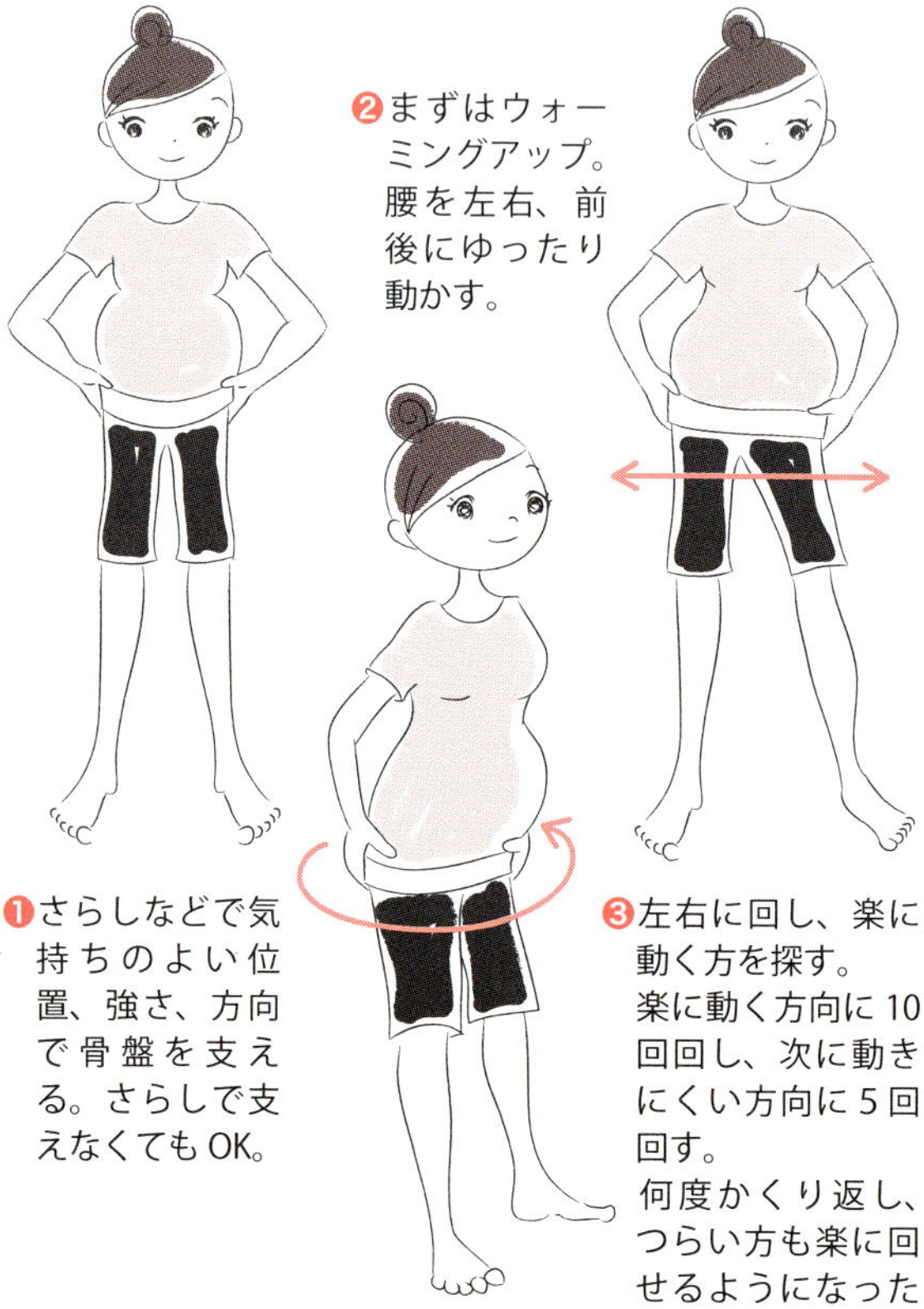

❶さらしなどで気持ちのよい位置、強さ、方向で骨盤を支える。さらしで支えなくても OK。

❷まずはウォーミングアップ。腰を左右、前後にゆったり動かす。

❸左右に回し、楽に動く方を探す。
楽に動く方向に 10 回回し、次に動きにくい方向に 5 回回す。
何度かくり返し、つらい方も楽に回せるようになったら OK。

!
しっかり立てない場合、うまく回せない場合は、テーブルや壁などに手や頭をついて。
さらしなどをはずす時は、必ず座るか寝るかすること。つらい時、不快な時はやめる。

ママケア 骨盤ゆらゆら体操

腹ばいでおこなう方法

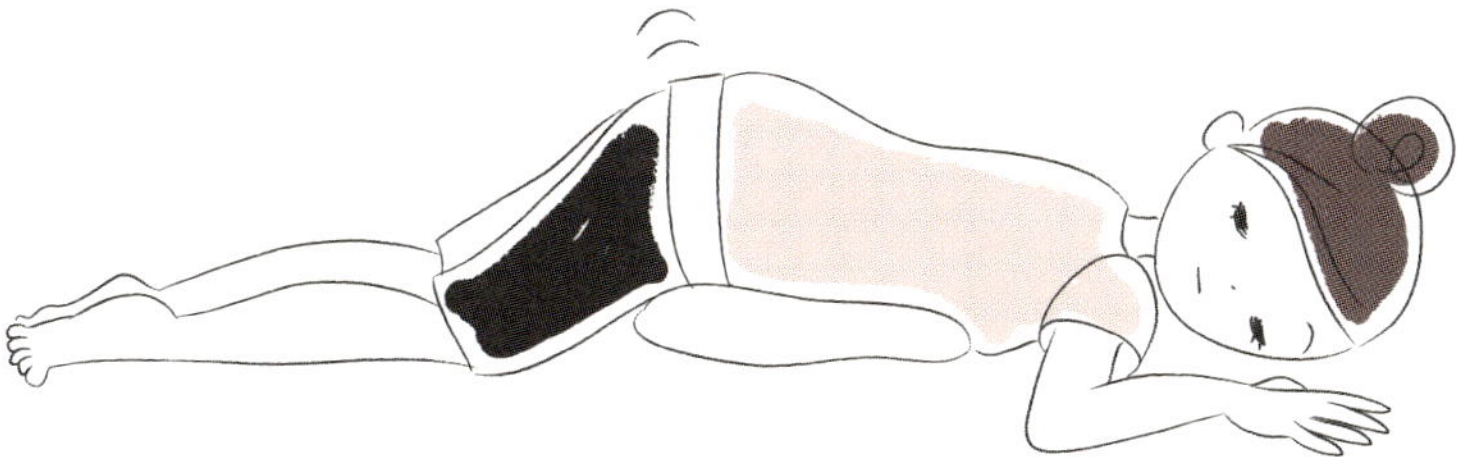

❶さらしなどで骨盤を支えておこなってもよい。

❷授乳クッションなどを使って腹ばいになり、おしりをゆらゆらゆらす。

❸またはあおむけに寝ころがり、真横から腰のあたりを、ゆっくりと小さくゆらしてもよい。

❹つらい時、不快な時はやめる。

1/4反さらしのつくり方

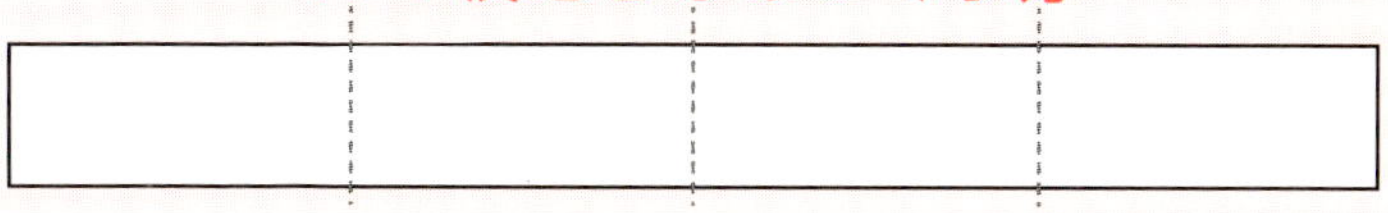

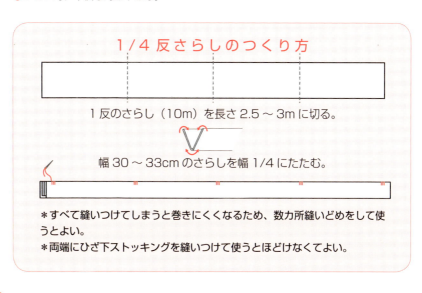

1反のさらし（10m）を長さ2.5～3mに切る。

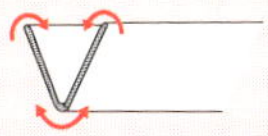

幅30～33cmのさらしを幅1/4にたたむ。

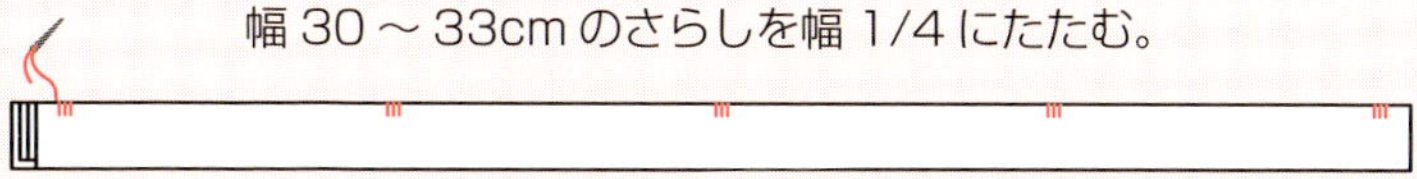

＊すべて縫いつけてしまうと巻きにくくなるため、数カ所縫いどめをして使うとよい。

＊両端にひざ下ストッキングを縫いつけて使うとほどけなくてよい。

15

産後のママケア

お産によって骨盤は大きく動き、骨盤底筋群や腹筋群なども緩んで体を支える力が弱っています。安全に立って、赤ちゃんが抱っこできる体に早く戻るには、妊娠中と同じママケアが効果的です。

産後のママケアは、分娩台の上からはじめます。足首を曲げ伸ばしして、骨盤底筋群に刺激を与えましょう。足首の曲げ伸ばしをすると内ももの筋肉が動き、それに伴い骨盤底筋群に刺激を与えることができます。寝たままの姿勢での深呼吸も効果的です（36ページ）。少しでも時間をみつけて続けましょう。

「妊娠出産は、病気ではない」といわれます。病気ではないからこそ、元気になるには「養生」が必要です。すぐに普通に動いていいのではなく、少なくとも、1カ月健診までは、赤ちゃんのお世話と自分のことをする時間以外は、横になって休み、出産でダメージを受けた体を支える力をいたわりましょう。その間に、横になっておこなうことができる深呼吸や操体法などのママケアや、体を支える力を補助する腹帯や骨盤輪《こつばんりん》支持《しじ》をおこない回復を手助けしましょう。産後の体をいたわりながら、体を支える力の回復を図ることで、育児をするのが楽になり、体重や体形も、妊娠前に戻りやすくなります。産後のママケアは、次の妊娠のため、その後の女性の人生を快適にすごすためにも、とても大切なケアです。

第2章

べびぃケアの基本

新しい家族になった赤ちゃんとの生活はいかがですか？　赤ちゃんのすこやかな成長を願う気持ちは親ならばだれでも同じでしょう。きっとあなたは、赤ちゃんの表情やしぐさ、体の様子から、この子は、今、どんな気持ちなのかな？　つらいところはないのかな？　と思っていることでしょう。赤ちゃんをもっと理解したい、一緒に楽しく暮らしたいと思うあなた。さあ、赤ちゃんの「気持ちいい！」を探して、べびぃケアをはじめましょう。

16 赤ちゃんの機嫌が悪いのは？

あなたの赤ちゃんは、今ニコニコ笑ってご機嫌ですか？　それともスヤスヤとよく眠っていますか？

赤ちゃんがぐずりがちで、なかなか寝てくれなかったりするととても不安になりますね。どこか悪いところがあるのかと病院に行って相談しても、「どこも悪くありませんよ」といわれてしまい、悩んでいませんか。

あなたの赤ちゃんはおっぱいをほどよく飲みますか？　手足は冷たくありませんか？　肌の色はきれいな肌色をしていますか？　汗ばんでいませんか？　向きぐせはありませんか？

大人でも仕事が忙しすぎたり、よく眠れなかったり、肩がこっていたりするとつらいものです。不機嫌の原因は何も病気だけとは限りません。赤ちゃんのお世話をする時は「病気かそうでないか」だけではなく、「赤ちゃんが快いか不快か」も考えます。病気は体のバランスが崩れ、体調の悪い状態が続くことで発症します。不快な状態をそのままにしておくことは、赤ちゃんにとって決してよいことではありません。

病院で「どこも悪くない」といわれても、何か変だと思ったあなたの直感を大切に、赤ちゃんのお世話をしましょう。

◉あなたの赤ちゃんはどんな様子ですか？

（生後～首がすわるまで）

		快を表す状態
表情・目		柔和な表情でほほえむ。穏やかなまなざし。追視･注視をする。
姿勢		四肢が屈曲で左右対称。ほどよく筋肉の緊張が感じられ、体全体がやわらかい。抱きやすい。
しぐさ 運動		全身を適度に動かす。
ほ乳		元気に飲む。適度な時間内で飲み終わる。乳首を丸く、つぶさずに飲む。適度な授乳間隔。
排泄		透明な尿。黄色い便が哺乳前後に出る。１日に５回以上おむつがぬれる。
皮膚	色	全身がきれいな肌色。
	温度	全身がほどよく温かい。
	性状	清潔でさらさらしている。ほどよい湿度を保ちやわらかい。けがや発疹などがなく張りがあるもち肌。
	におい	心地よいにおい。

17

体を守る反射と反応

赤ちゃんは生まれた時、さまざまな反射で体を守っています。

その後、反射の統合される時期、反応の表れる時期を観察していくと、赤ちゃんの発達と大きく関わっていることがわかります。はじめは原始反射で体を守り、成長とともに統合されていきます。首がすわって上半身を自由に動かせるようになるにしたがって、新たに体を守る反応が育ってきます。

たとえば、寝返りが左右仰腹とできるようになったころ、手の「把握反射」（指を握らせるとギュッと握り返してくる反射）が統合されることで、手のひらを開いて体を支えて移動するようになります。そして、足の把握反射が統合されるにつれて、足の裏でけって進むはいはいの動作ができるようになります。

お座りをする時期に表れる反応に、「パラシュート反応」があります。赤ちゃんを縦抱きにして、上体を急に傾けると腕をハッとしたように傾いた方に出す動作のことです。これは、赤ちゃんがお座りをして体勢を崩した時、とっさに手をついて体を支えるための動きです。つまり、パラシュート反応が前、左右、後ろとも完成した時が、自力でお座りできるサインというわけです。

しかし、パラシュート反応が完成する前にお座りをさせ続ければ、赤ちゃんは倒れないよう

◉赤ちゃんの発達と反射・反応の関係

原始反射	吸啜《きゅうせつ》反射	出生後〜 3、4カ月	指などを赤ちゃんの口に入れると吸いついてくる動作。生後すぐに乳首に吸いつけるように備わっている能力。
	モロー反射	出生後〜 4カ月	頭を持ち上げた姿勢などから急に落とすようにすると、肩をぎゅっとすくめ、パッと両手を広げて抱きつく動作をする。自分で首を動かせるようになるとおこなわなくなる。
	咬反射《こうはんしゃ》	出生後〜 4、5カ月	口唇にふれずに歯肉に何かがふれると、歯ぐきで咬んで、嚥下しないようにする動作。首がすわるころに統合されるとスプーン食べができるようになる。
	非対称性 緊張性頸反射	出生後〜 5、6カ月	顔を向けた方の四肢がのび、反対側の四肢が曲がる動作。起きている時の反射は寝返りができるようになったころみられなくなる。
	把握反射	出生後〜 6、7カ月	指を握らせるとギュッと握り返してくる反射。足指のつけねを強く押しても握り返してくる。これらが統合されると手や足の裏を床に付けるようになる。手の把握反射の統合→はいはい、手づかみ食べができるサイン。足の把握反射の統合→立てるサイン。
立ち直り 反射・反応		4、5カ月 〜	体が倒れそうになったら頭を立て直し、体を水平にする動作。寝返りができるサイン。
対称性緊張性頸反射		6、7カ月 〜11カ月 ころ	頭が上がるとおしりが下がる、またはその逆の動作。その場で動けない。四つんばい移動の準備。遠方と近方に焦点を合わせる練習もしている。
パラシュート 反射・反応		7、8カ月 〜	赤ちゃんの体を水平に持って、上体を急に傾けるとハッとしたように傾いた方に腕を出す動作。お座りができるサイン。
飛びはね反射・ 反応		1歳〜	何かを踏みそうになった時、とっさに足をあげる動作。歩きはじめるサイン。
ホッピング反応		1歳〜	倒れそうになった時、体のバランスを保ち、重心を戻す動作。歩きはじめるサイン。

＊反射が左右対称に表れているかをチェック。たとえば、左側に向きぐせがある赤ちゃんには、本来両側に表れるはずの非対称性緊張性頸反射も、左半身により多くみられる。

＊＊反射の統合とは、その反射を使わなくても、自分の意志で安定して体を動かせるようになること。

◉パラシュート反応を促す遊び

赤ちゃんをお母さんのひざにのせ、「お馬はみんなぱっぱか走る　おっとっと！」と歌いながら、赤ちゃんをわざと傾け、パラシュート反応を促す遊びです。楽しみながら反応を促します。頭がぐらぐらしないように気をつけましょう。

本能的に筋肉をこわばらせて体を守るため、パラシュート反応は出にくくなります。このまま成長すると、走り回るようになって転んだ時に手が出にくくなることがあります。

　パラシュート反応を起こさせるためには適切な刺激が必要です。表れなかった場合は、無理せず適度な刺激を与え反応を促します。たとえば、昔から伝わる伝承遊びには、赤ちゃんの反射や反応を促す遊びがありました。

　反射や反応がきちんと表れて統合され、それと相前後して次の反応が表れているか前ページの表で確認してみましょう。赤ちゃんの発達状況を知る手がかりになります。

18

赤ちゃんにとって自然な姿勢で育てる

◉赤ちゃんの自然な姿勢

赤ちゃんはおなかの中で、背中全体を丸くして、手足は立体的なMW型をしています。

お母さんのおなかの中では、胎児は羊水の中で背中を丸くし、両腕はひじを曲げて肩より少し内側に入れて指をなめ、あぐらをかいています。そのため胎児は全体に丸い姿勢をしています。

首がすわるまでの赤ちゃんにとっては、胎児と同じ姿勢が一番自然なのです。背骨を丸く保つことで肺がふくらみ、元気に健康に育ちます。この姿勢を無視した抱き方や寝かせ方をすると、まだやわらかい赤ちゃんの体がこわばってしまう可能性があります。寝ている時も起きている時もできるだけ手足を曲げて内側に入れ、背中の力が抜けるように丸くしてあげてください

（❶）。

この姿勢がなかなかとれない赤ちゃんは、体が緊張している可能性があるため、第5章の「ママと楽しくべびぃケア遊び」で赤ちゃんの体をほぐすことからはじめましょう。

首がすわるころ、頸部《けいぶ》（首の骨）に前わんができます。

生後、徐々に好奇心も育ち、あちこち見ようと首や肩回りの筋肉を動かしはじめます。すると、首の後ろにある伸筋が発達して首が支えられるようになり、頸部に少しずつカーブがついていきます。腹ばいにした時に頭をあげて自由に首を動かしたり、腕を持って引き起こした時に頭がついてきたら首すわりも完成です（❷）。

首がすわると、体をひねってもっと遠くのものを見ようとしたり、手をのばして何かとろうとします。そうして寝返りやずりばい（ほふく前進のような動き）ができるようになり、おなかを支える力がついてきて、はいはいができるようになります（❸）。このころ腰の前わんができ、さらに骨盤を支える力もしっかりしてきて、お座りもできるようになります。

上半身から骨盤までしっかり支えられるようになってくると、背骨がS字状にカーブしてきます。そうすると足で体を支えて、立ち歩き、という動作ができるようになってきます（❹）。

◉乳幼児の姿勢の発達

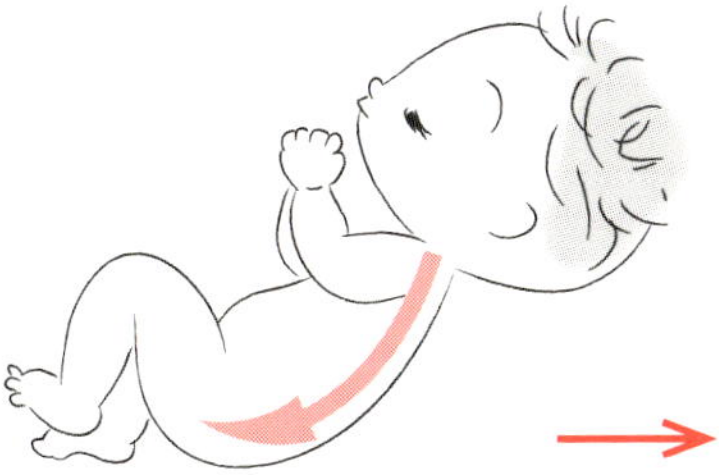

❶生まれてすぐの赤ちゃんの姿勢。

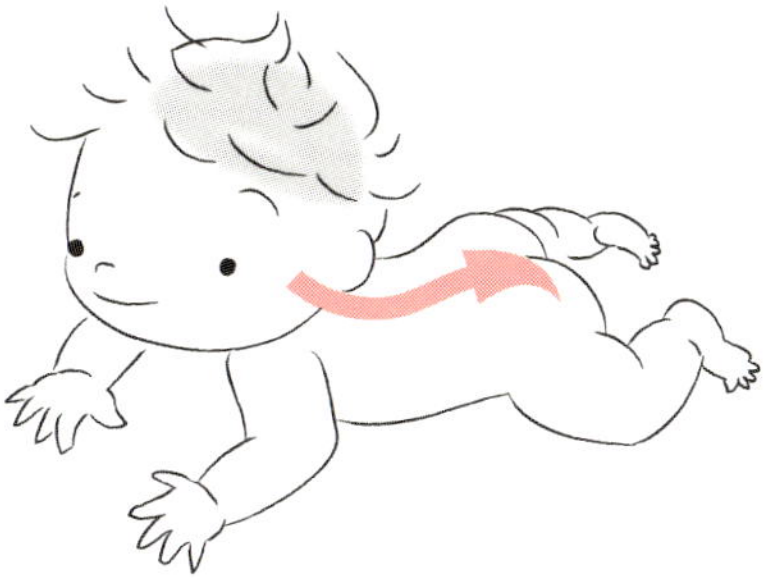

❷首がすわるころ、頸部に少しずつカーブがついてくる。

❸はいはいをして、胴体を支える筋肉が発達する。

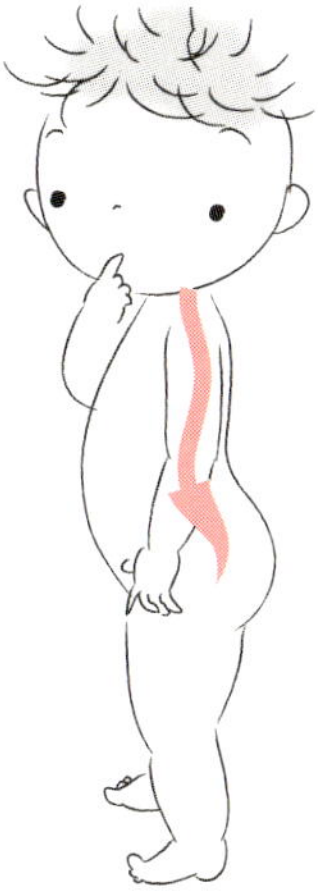

❹次第に腰部に前わんができ骨盤を支える筋肉が発達し、歩きはじめるころ、S字状のカーブができはじめる。

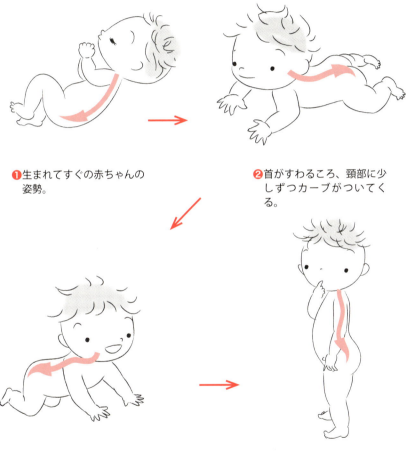

19 目を合わせて、「はじめまして!」

おなかの中で羊水に囲まれて過ごしていた赤ちゃん。9カ月かけて、生まれてからの動き方をいっぱい練習してきました。五感もちゃんと備わっています。

でも、おなかの中は薄暗かったため、生まれた途端に目に光がさし込み、さぞかしびっくりしていることでしょう。まぶしい光の中から一番先に目に止まるのは、丸いもの、赤いもの、コントラストのはっきりしているものといわれています。なんだかわかりますか。そう、お母さんの唇や目、おっぱいです。じっと視線を合わせることがまだむずかしいころですが、それでも目が合うと見つめようとしてきます。

焦点は30センチくらい。つまり抱っこした時にちょうどママのお顔がある位置です。赤ちゃんが楽にママの顔を見られるように、赤ちゃんの顔の正面から、あごを引いて見られる位置におもちゃをもっていったり、ママの目線をもっていったりしてあげてみてください。

はじめまして。おなかの中でもお話ししてたね。
（出産後 15 分の親子）

第3章

ねんねから首がすわるまでのべびぃケア

――生まれてから4・5カ月まで

べびぃケアは赤ちゃん一人ひとりにあわせて行ないます。赤ちゃんごとにアプローチのしかたも違うので、まずは目の前の赤ちゃんをよく観察してください。

赤ちゃんの様子から、「この姿勢はつらくないかな」などと判断し、赤ちゃんが笑顔になるようケアしていきます。

毎日観察していると、赤ちゃんのちょっとした変化にも気づくようになります。

20

赤ちゃんが喜ぶ抱っこのしかた

車のチャイルドシートに入っていた時はご機嫌だったのに、抱っこしたとたんに泣き出された……という経験をしたことはありませんか？　それは、抱っこによって自然な姿勢が崩され、赤ちゃんがつらくなり、「そんな抱っこをしないで」と訴えているのかもしれません。

首がすわるまでの抱っこは、胎児のころのように背中をゆるやかに丸め、手が前に、ひざをおしりよりも上にあげたあぐらの姿勢が基本です。この基本姿勢を、抱っこの時も保ちます。背骨がねじれないよう、おでこ、あご、おへそが一直線になるように抱いてください。

◉首がすわるまでの基本姿勢

赤ちゃんの股関節はまだ骨が未熟です。骨が成長するためには、大腿骨《だいたいこつ》と臼蓋《きゅうがい》（＝骨盤のくぼみ）が動作による刺激を受けることが必要で、一番まんべんなく刺激しあえる姿勢があぐらです。あぐらを保った状態で足がたくさん動けるような生活をめざしましょう。

新生児の基本の足の形。

生後６～12カ月の基本の足の形。

べびぃケア　赤ちゃんは胎児姿勢で抱く

基本の横抱き

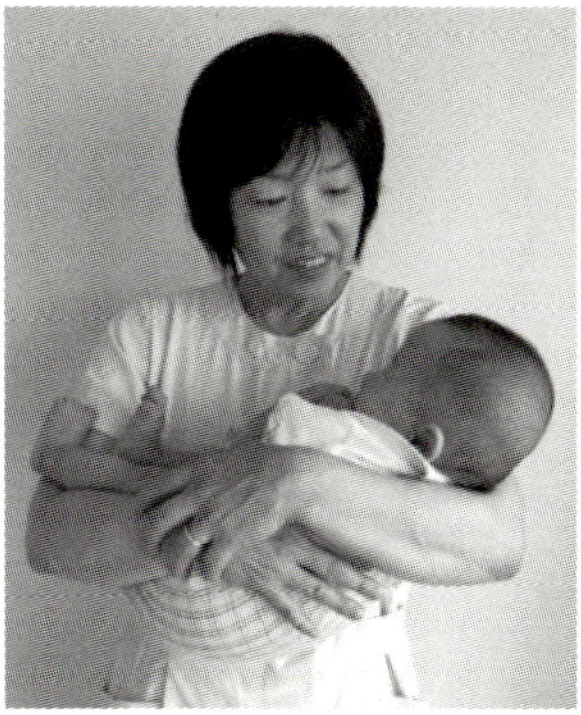

❶赤ちゃんの肩からうなじにかけて自分の片腕で支え、おしりから太もものあたりを逆の腕にのせて支える。

❷赤ちゃんの体が左右対称になるようにし、胎児姿勢のあぐらをかかせる。おでことあごとおへそが一直線になるように。

❸背中全体の力が抜け、手足が体のまん中にくればＯＫ。向きぐせがある時は、向きやすい方を胸につける側にして抱く。

縦抱き

あぐらをかくか、ひざが曲がる程度の自然な開脚状態にする。赤ちゃんのおしりの仙骨と首を支え、背中のカーブを保つ。

前抱っこ

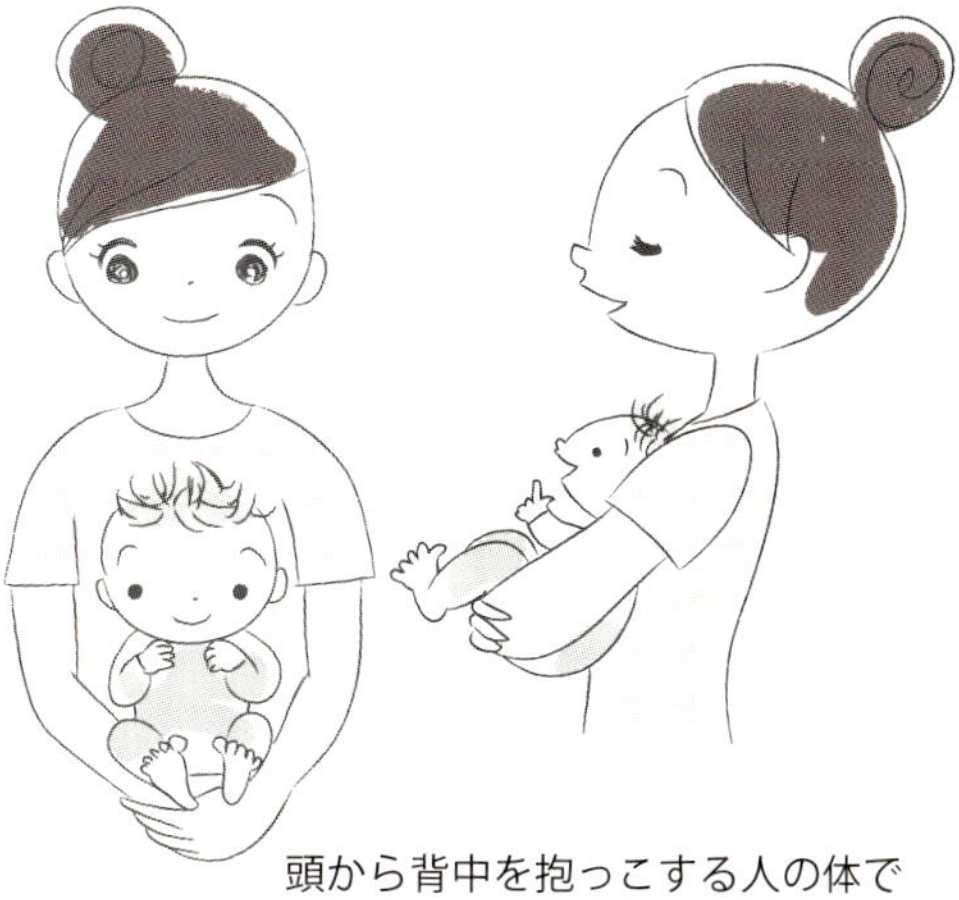

頭から背中を抱っこする人の体で支え、ひざをすくって腰からおしりを丸く保つ。

21

いろいろな抱っこ①——リラックスの抱っこ

赤ちゃんが不安や不快で泣いたり、ご機嫌が悪いときでも、自然に落ち着いていく抱っこです。赤ちゃんの発達に合わせて、横抱き、胸を合わせた縦抱きがあり、支える部分が赤ちゃんの体全体から腰と背中、腰だけなど変化していきます。

べびぃケア リラックスの抱っこ

こんな時：泣きやむ、落ち着く

抱っこする側がリラックスして、赤ちゃんに緊張が伝わらないようにしましょう。体がねじれたり、頭が揺れないようにします。

横抱き (61 ページ)

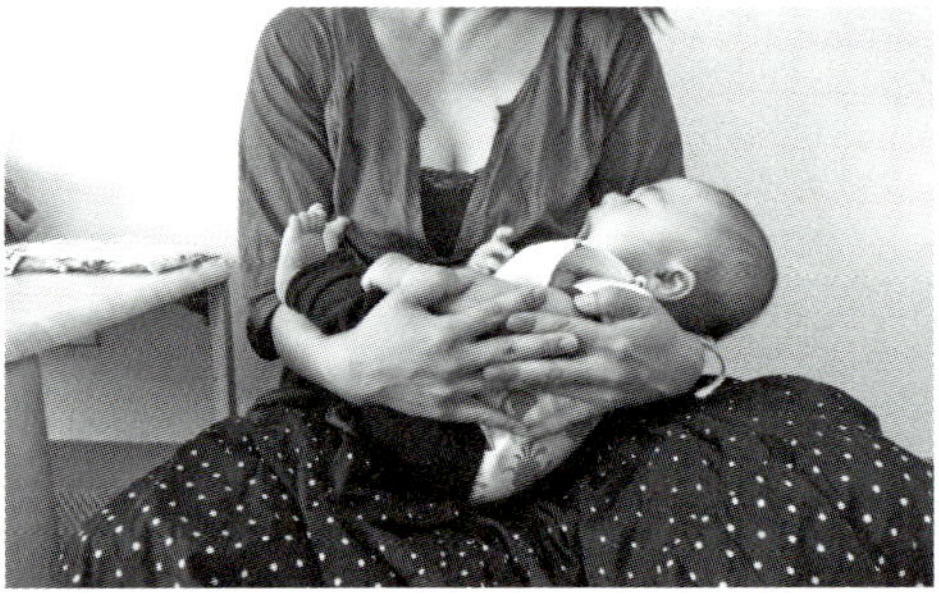

縦抱き (61 ページ)

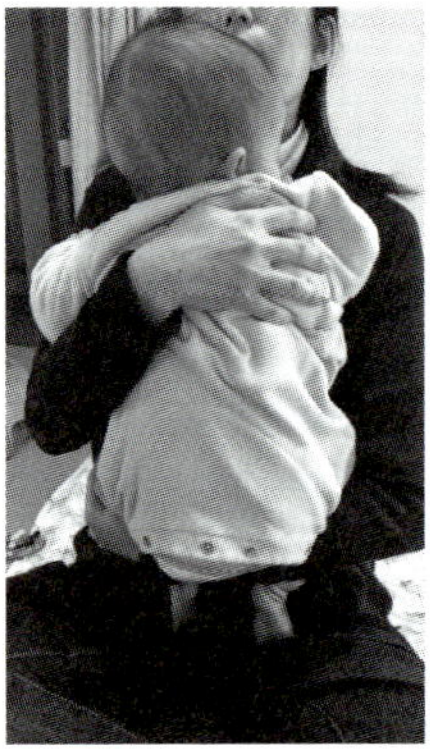

! 多くの場合、赤ちゃんはゆっくり揺らすと落ち着きますが、抱く人の腕で揺らすのではなく、体全体で揺らします。横揺れ、縦揺れ(スクワットしながら歩く)、スウィングなど、赤ちゃんの好む揺れ方(方向・大きさ・速度)を探しましょう。

22 いろいろな抱っこ②——ねんねの抱っこ

バスタオルやおくるみなどでくるんで抱く抱っこです。手足がバラバラにならず支えやすく、寝かせつけた後に姿勢の崩れを防ぐことができます。おくるみの使い方は76ページをご覧ください。はじめは、赤ちゃんが落ち着く抱き方（縦抱きでも横抱きでもよい）で入眠を誘い、寝入ってしまった後、ベッドに置く前には横抱きにして、姿勢を整えてからベットやふとんに寝かせるとよいでしょう。抱っこしている姿勢が崩れないような、ベッドの工夫も大切です（82ページ参照）。

べびぃケア

ねんねの抱っこ

こんな時：寝かせつけ

❶

❷

❸

❶あらかじめ、おくるみ用の布とともに抱いておく。
❷寝ついたらおくるみで手足を包んで寝床におろす。
❸真上だけでなく横向きでも寝かせることができる。

23

いろいろな抱っこ③ ——コミュニケーションの抱っこ

赤ちゃんと目を合わせる、または赤ちゃんと同じ方向を見る抱っこです。楽しい時間が共有できます。

べびぃケア

コミュニケーションの抱っこ

目を合わせる抱っこ

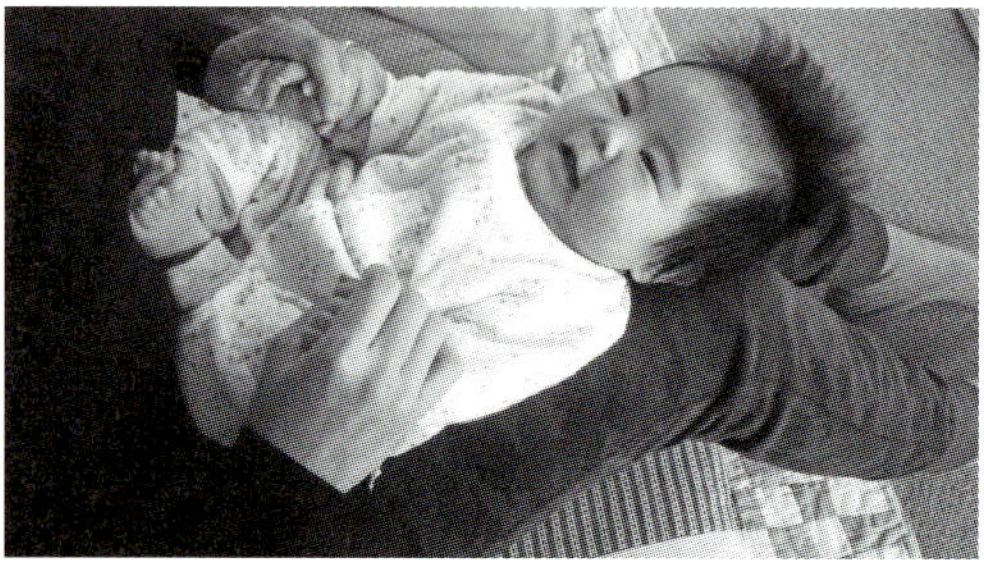

首がすわる前の小さい赤ちゃんでは、「基本の横抱き」(61 ページ)、「座ってひざに乗せる抱っこ」が安全です。首がしっかりしてきた後は、「縦抱き」もできますが、赤ちゃんのひざが股関節より上に来るような支え方をすると、赤ちゃんの背中に頭の重さが直接かからず、あまり負担になりません。

同じ方を見る抱っこ

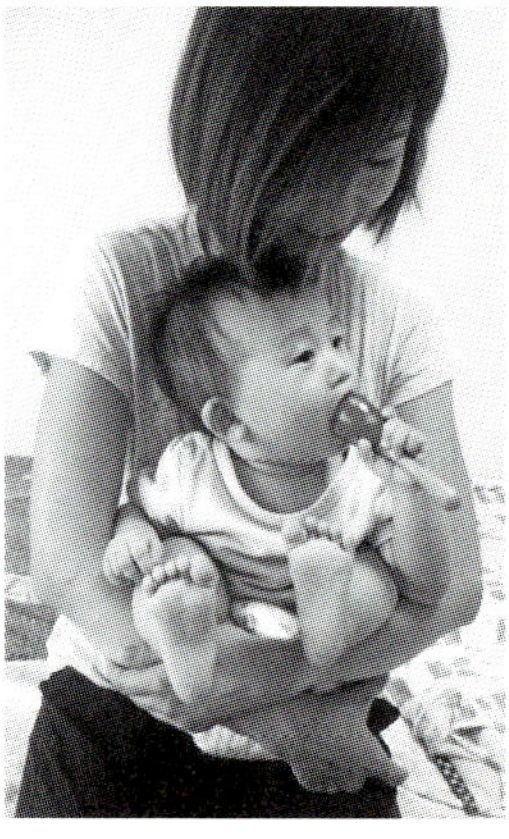

胸で赤ちゃんの頭を支えて、肛門が前を向くように腰を丸めてひざ裏を支えます。「○○が見えるね〜」など、お話ししながらお散歩しても楽しいです。

24

いろいろな抱っこ④——移動する時の抱っこ

股関節が守れない抱っこ。

体幹がねじれた抱っこ。

移動するときには、首すわり後の赤ちゃんも、頭から背中をしっかり支えてあげましょう（61ページ参照）。

とくに、抱いている人が立ち上がる時、歩きはじめや方向転換、動きを止める時は、衝撃があるので、できるだけゆっくり動きます。骨の発達が未熟な赤ちゃんの股関節を守り育てるためにも、足がぶら下がったり、足を持つような抱き方は避けましょう（右）。また、抱く人の脇に赤ちゃんの腕を挟んでしまうと、赤ちゃんの体がねじれてしまうので（左）、赤ちゃんの両手が胸の前にくるように抱きます。

25 いろいろな抱っこ⑤——支える抱っこ

自分ですわれない赤ちゃんも、目の位置が高くなると喜びます。手を動かしやすいため、遊びのレパートリーも増えるので、頭からおしりまでを支えておすわりを助けてあげます。この場合、赤ちゃんの背中に負担がかからないよう、背骨の真上に頭がのらないような角度を取ることが必要です。

べびぃケア 支える抱っこ

こんな時：遊び、食事など

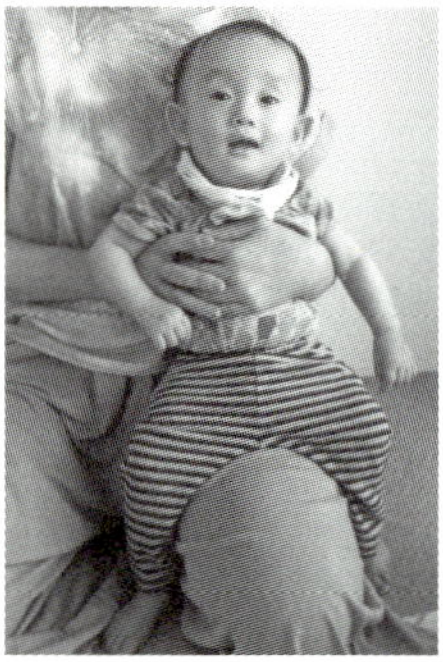

❶足を床につけても安定する赤ちゃんは、抱く人に背中をもたれる姿勢でひざにまたがせる。

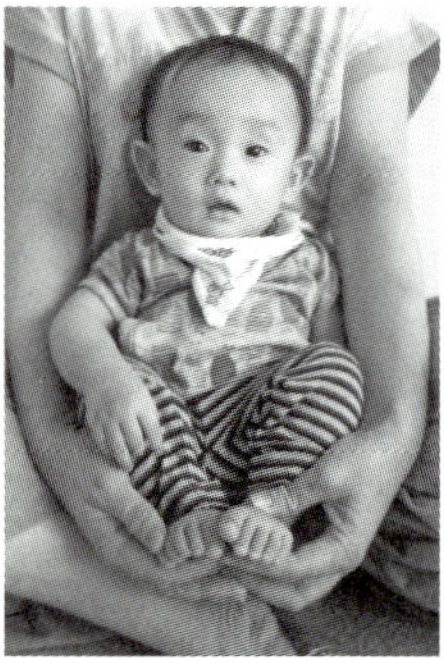

❷足をおろすと不安定な赤ちゃんは体全体を支える。

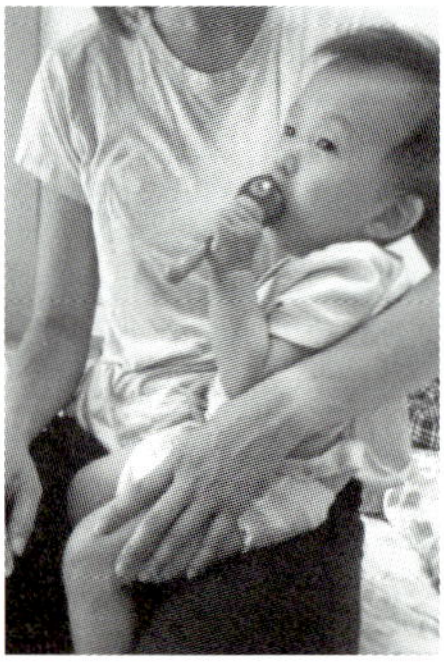

❸赤ちゃんの表情を見ながら遊んだり、食事をさせる。

26

いろいろな抱っこ⑥——授乳の抱っこ

授乳は、赤ちゃんが一番リラックスできる時。気持ちよく飲める姿勢を探してあげましょう。フットボール抱き（脇抱き）や縦抱き授乳などは赤ちゃんにとっては負担になりやすい姿勢のため工夫が必要です。横抱きはポイントをつかめば道具なしで授乳できる方法です。添い乳はお互いの姿勢が楽になる工夫をしましょう。

両手抱っこが難しい時は授乳クッションを利用します。お母さんが疲れず、赤ちゃんが楽に飲めます。それでも赤ちゃんがぐらぐらして支えづらい時は、おくるみでくるんで授乳する方法もあります。

お母さんの肩や背中がこっていると、母乳は出にくくなります。こわばった筋肉が血流を妨げるからです。乳房を支える部分をほぐすために、かいぐり体操（74ページ参照）や上体ひねりの操体法（75ページ参照）をおこないましょう。

授乳後、ゲップをさせようと、赤ちゃんの背中を手のひらでたたくと赤ちゃんの体は緊張してしまいます。ゲップは縦抱きにした赤ちゃんの背中から腰のあたりをやさしくなでるか、指先で、ごく軽くトントンします（70ページ参照）。

交差抱き授乳

赤ちゃんの体がぐにゃぐにゃして支えづらいとき、赤ちゃんのおしり側になる手で頭部をそっと支えて飲ませます。吸着できたら左ページの横抱きにかえると楽です。

縦抱き授乳

縦抱きになっても赤ちゃんの基本姿勢は同じです。腰がそらずに丸まって、体全体の力がぬけてお口の動きに集中できるように。不安定な頭部はおさえこむのではなく、そっと支えてあげましょう。

おっぱいの含ませ方

ポジションが決まったら赤ちゃんの下唇を乳首でちょんちょんちょんと刺激すると、お口をあけます。上下の唇がめくれるくらい大きなお口でくわえているか確認しましょう。うまくおっぱいが飲めているときには、こめかみや耳がゆっくりしたリズムで動きます。

べびぃケア　授乳クッションを使った抱き方・授乳のしかた

❶自分の体とクッションの間に少しすき間をあける。

❷すき間に赤ちゃんの下半身を入れる。

❸赤ちゃんの背中に授乳クッションをそわせ、自分の抱き腕をクッションにのせる。授乳クッションと赤ちゃんとの間にすき間があきすぎる場合は、タオルなどで補強する。

❹片手で赤ちゃんのうなじから腰を支えて授乳する。赤ちゃんの体全体がおっぱいの方を向くようにする。赤ちゃんの体がねじれないよう注意して。赤ちゃんの下側の腕をお母さんの脇に抜いてあげると、左右対称の姿勢がとれる。

❺赤ちゃんの足がのびてしまわないように、またひざがおしりよりも下にならないように抱えて授乳する。

❻ほ乳瓶を利用する時も同じように赤ちゃんの姿勢を保ちながら授乳する。

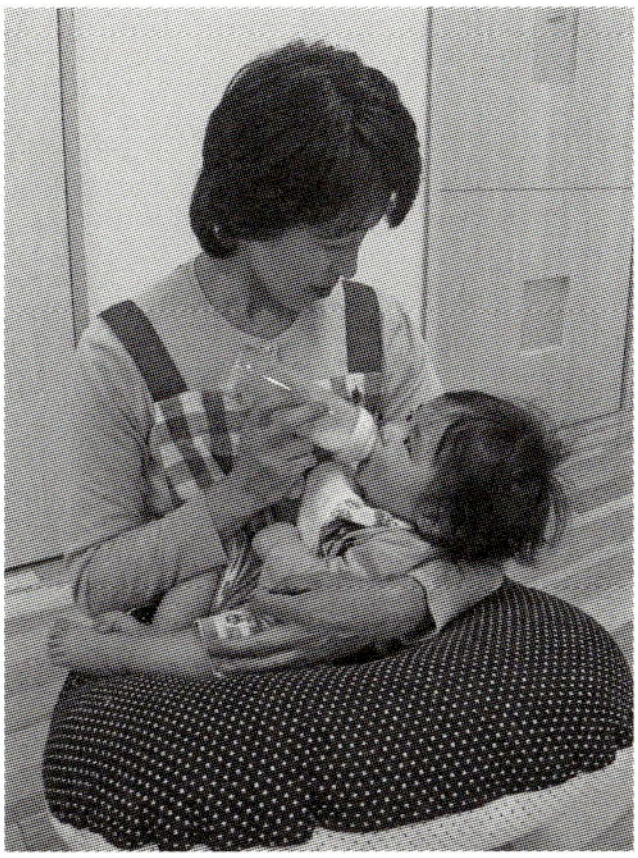

べびぃケア　添い乳の方法

添い乳する時は、乳首をくわえやすいよう赤ちゃんの顔をあげ、背中が反らないようにします。お母さんは、背中に自然なS字状カーブができる姿勢で横向きに寝ます。苦しかったら、お母さんと赤ちゃんが楽に基本姿勢をとれるよう、クッションなどで補助します。

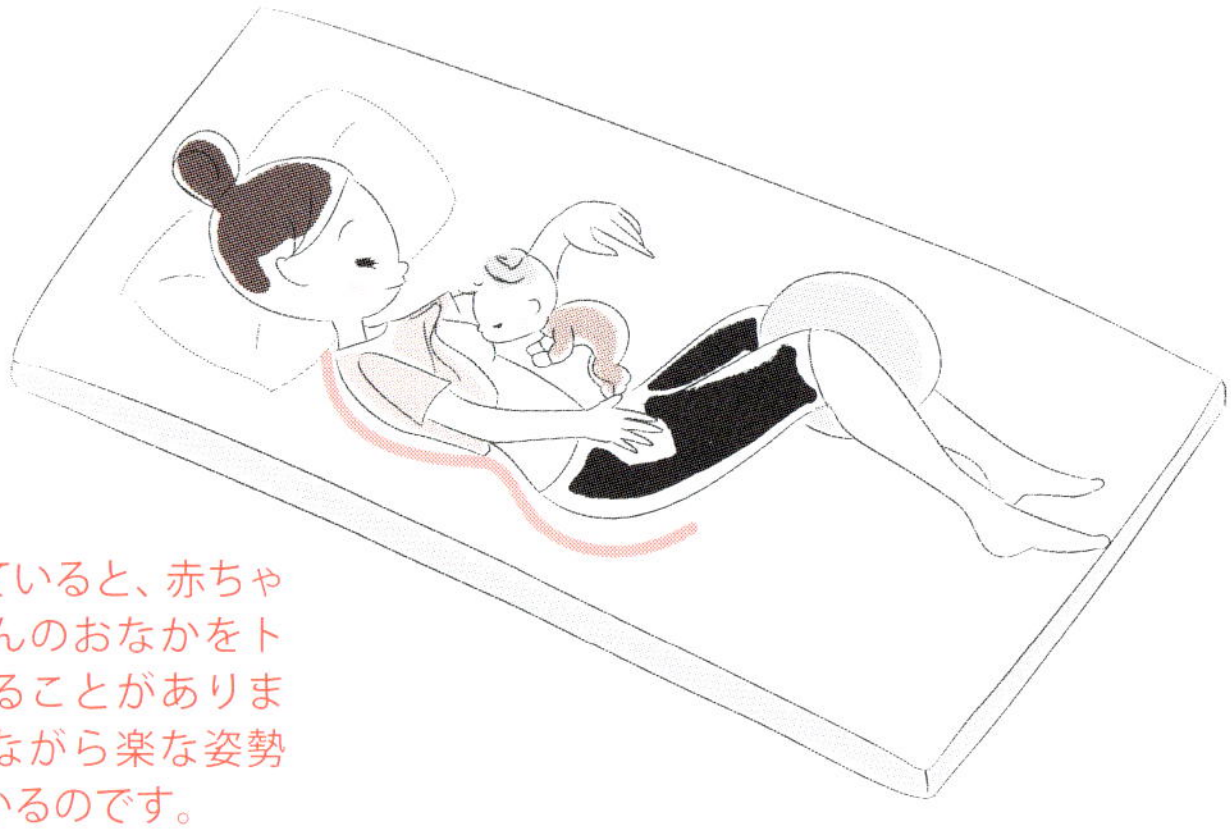

添い乳をしていると、赤ちゃんがお母さんのおなかをトントンとけることがありますが、けりながら楽な姿勢を見つけているのです。

べびぃケア　楽なゲップのさせ方

背中から腰のあたりをやさしくなでましょう。
背中の力がぬけるとゲップは出ます。

27 上手に抱っこできない時は……

基本の抱っこは、上手にできましたか？　抱っこをしてあげると赤ちゃんがすぐ泣きやんだり、ご機嫌になったりすると、うれしいですね。

でも、なんとなく抱っこが苦手、ぎこちない抱き方しかできないと悩んでいるお母さんは少なくありません。そんなお母さんは、赤ちゃんがご機嫌になるよう自分の体を無意識に曲げたりくねらせて調節して抱っこをしているようです。

そんな姿勢ではつらくて、とても長くは抱けませんし、だからといってお母さんが楽な抱き方にすると、たちまち赤ちゃんの機嫌が悪くなり、抱っこに自信がもてなくなってしまうことがあります。

抱っこがうまくできないのは、お母さんのひじのねじれや手首の硬さ、肩甲骨の動きにくさと関係があります。抱っこしても赤ちゃんが泣きやまない――それは、もしかしたらお母さんの体に原因があるのかもしれません。

ひじや手首の状態をチェックしてみましょう。

べびぃケア　ひじや手首の動きをチェック！

前へならえをした時に、手のひら、ひじの内側が平行かどうかチェックします。

ひじ

ねじれのないひじの向き

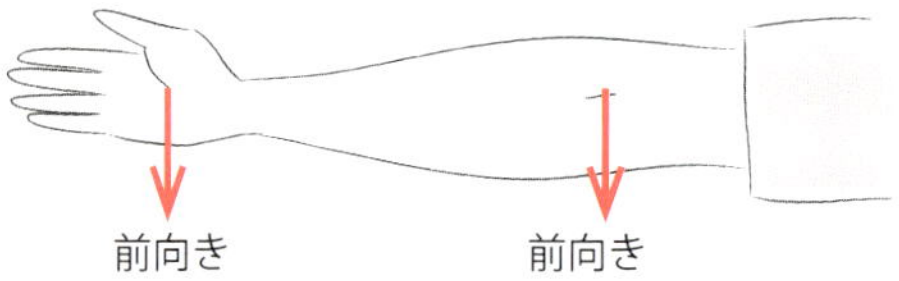

手のひらを正面に向けた時、ひじの内側が同じ方向を向いていれば、ひじはねじれていない。

ねじれたひじの向き

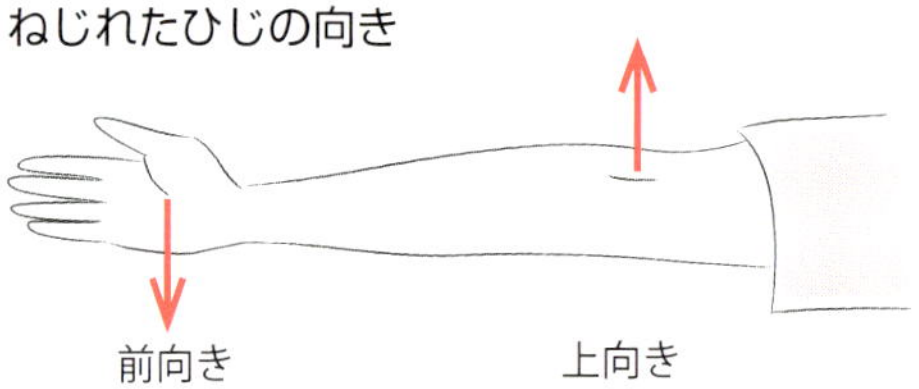

手のひらを正面に向けた時、ひじの内側が上向きになったら、ひじがねじれている（74ページ／ひじや手首の動きを改善する体操参照）。

肩甲骨

手を背中でつなげますか？

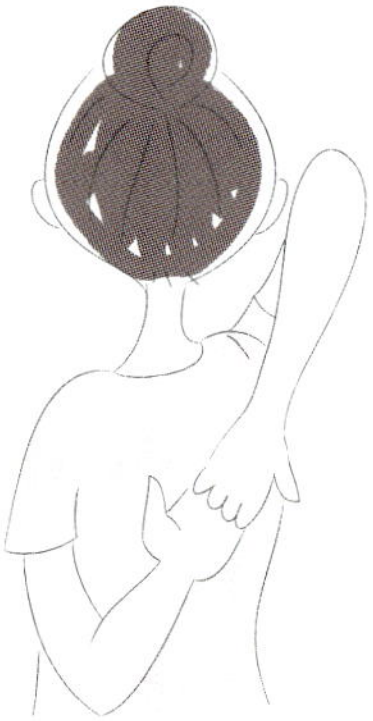

手首や指

じゃんけんのグーをしてください。

自然に親指が外に出たら……

手首や親指のつけねに緊張はない。
反対の手でもためしてみて。

自然に親指が中に入っていたら……

手首や親指のつけねが緊張している。
親指のつけねを強く押すと、痛みがあるのでは？

28

赤ちゃんを上手に抱っこする方法

ひじや手首の動きを体操で改善しましょう。抱っこがしやすくなり、肩こり、手首や親指のこりの改善にも効果があります。乳房の循環もよくなります。

べびぃケア

手首の動きを改善する体操

手首周りをゆるめましょう。
赤ちゃんを抱く前におこなうと効果的。

手首回し

緊張をほぐし、手首の痛みを防ぎ、治します。

❶両手首を胸の前で内側、外側に回し、楽に回せる方から10～20回回し、次に反対回しを5回おこなう。

❷スナップを利かせ、小指方向に「パッパッパ」と手を払う。

べびぃケア ひじや手首の動きを改善する体操

かいぐり体操

ひじから手首、肩甲骨と鎖骨の動きも改善するため、母乳が出にくい時にも効果的。

❶両手を軽く握ってひじを曲げ、内側、外側に回してみて、まず楽な方向に 10 ～ 20 回、次に反対回しを 5 回おこなう。

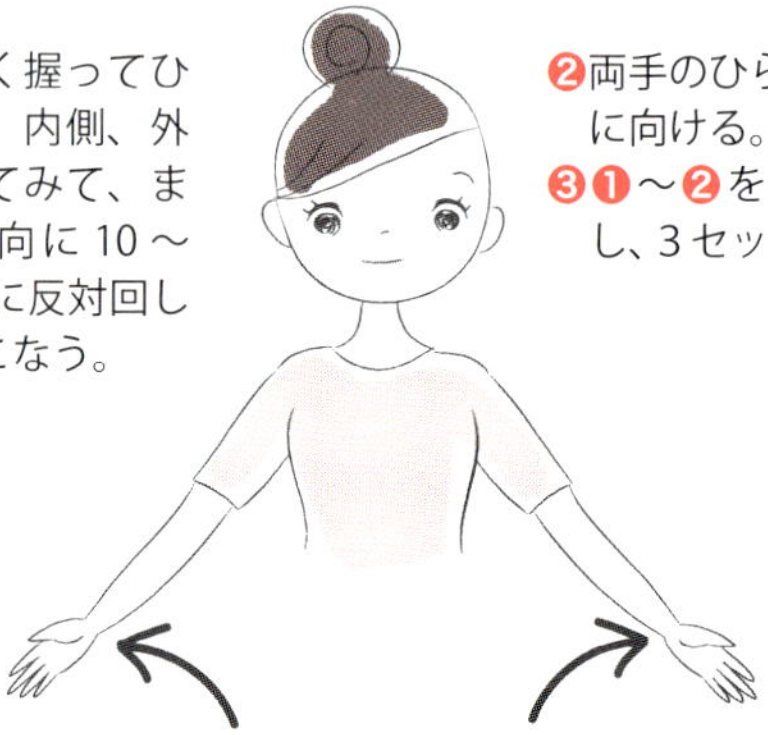

❷両手のひらをパッと上に向ける。

❸❶～❷を 1 セットとし、3 セットおこなう。

ひじ回し

❶ひじを軽く曲げ、ひじを中心に、ひじから指先までを内側、外側に回してみて、まず楽な方向に 10 ～ 20 回ほど、次に反対回しを 5 回ほどおこなう。

❷❶を 3 セットおこなう。

！

「抱っこ」といっても、目的がいろいろです。赤ちゃんの発達段階、抱く人のコンディションも、抱っこに影響を与えます。同じ姿勢で抱っこをし続けていると、抱く人もつらいですが、抱かれている赤ちゃんもつらいでしょう。抱っこの後には、楽な姿勢で、手遊びやマッサージなどで体ほぐしをしてあげるといいでしょう。

べびぃケア　赤ちゃんを上手に抱くための操体法

上体ひねりの操体法

「上体ひねり」は、お母さんの首や肩、背中のこりをほぐし母乳も出やすくなる操体法です。椅子に座るか、正座しておこなうと効果的です。

❶赤ちゃんを両手でふわっと抱く。

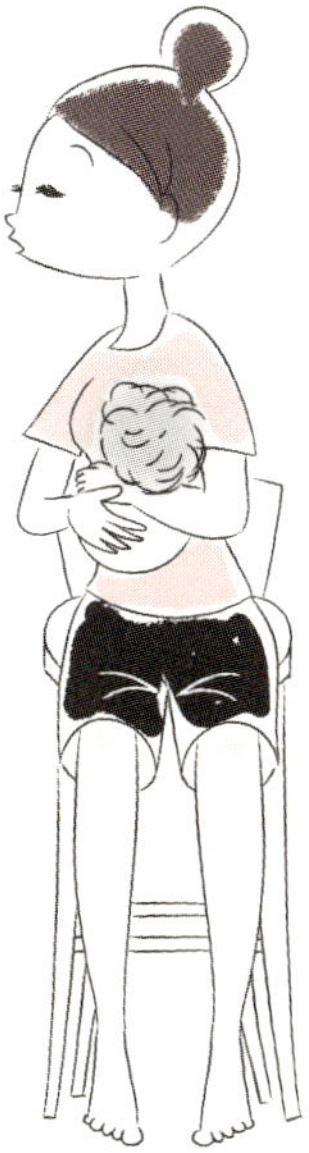

❷両坐骨に体重が均等にのったまま、上体を軽く左右にひねって、ひねりやすい方、つっぱりや痛みがない方、気持ちがよい方を見つける。

❸気持ちのよい方向へゆっくり上体を回して、自然に止まったところで、２呼吸、または数秒間キープ。

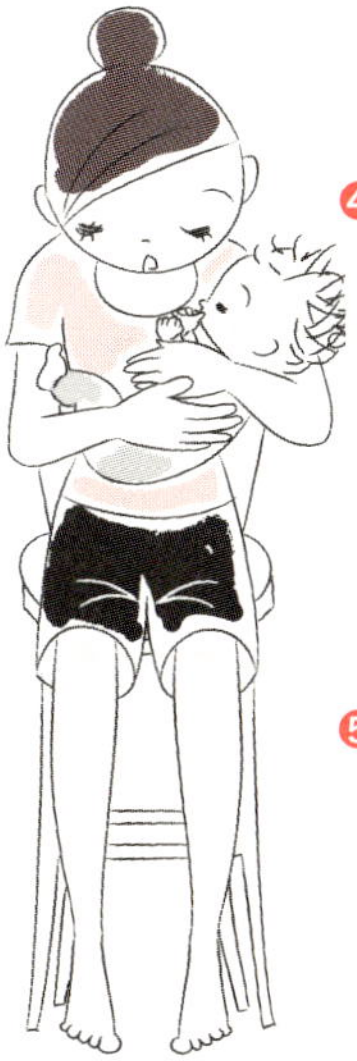

❹息を吐きながらふわっと上半身を脱力。２呼吸、または数秒間休む。

❺❸～❹の動きを気持ちのよい方向に３回、反対方向に１回おこなう。

29

おくるみの使い方

「おくるみ」は、正方形の布で赤ちゃんを包み込むものです。昔から世界各地で使われています。赤ちゃんの体が安定して生理的な姿勢が保てるため、機嫌がよくなりよく眠るようになります。体のバランスが整い安全に抱っこできます。

❺反対の端も肩を包み込むように。タオルがほどけないように肩を支えるように持っておく。

❻余ったタオルを下にはさみ込む。

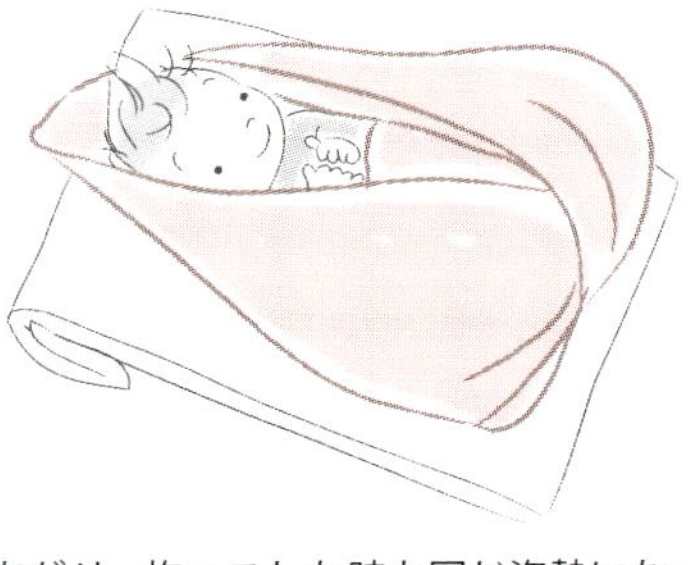

❼できあがり。抱っこした時と同じ姿勢になっていますか？

べびぃケア　赤ちゃんのくるみ方

❶上半身を座布団や枕などでリクライニングした上にタオルを置き、赤ちゃんを寝かせる。

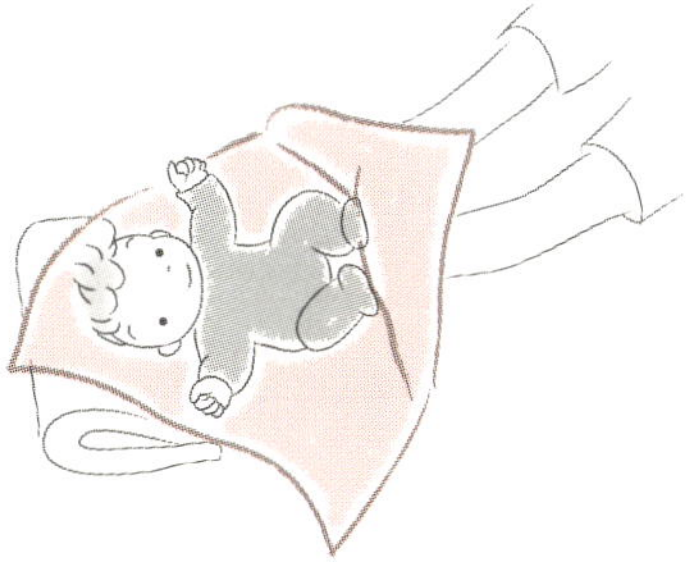

❷おしりを包みあげる（肛門が斜め上を向くように）。足はあぐらを組んだ形に。タオルは体にぴったりそわせ折り曲げる。

❸赤ちゃんの胸元あたりでタオルを折り返す。

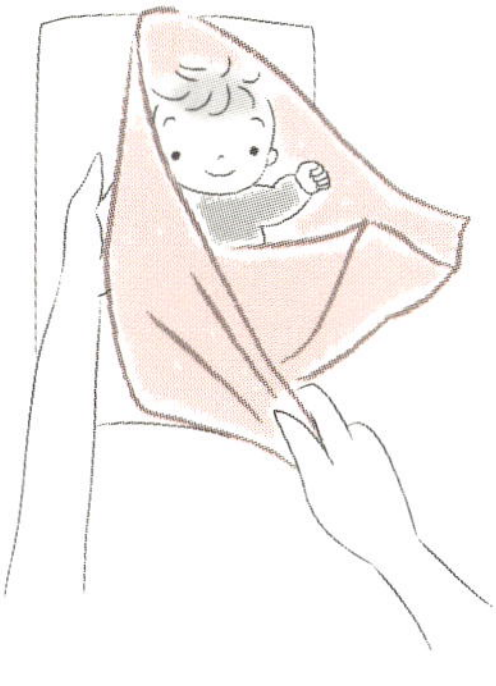

❹横から肩を包み込むようにタオルをぴったりそわせる。

!

赤ちゃんが包み込まれているのを実感できるようにある程度しっかりと巻くこと。しっかり巻いても赤ちゃんは中で自由に手足を動かせるので安心。

30

安全なスリングの使い方

スリングは、アフリカや東南アジアで昔から利用されていた抱っこ布です。抱っこしやすく疲れにくい、赤ちゃんとスキンシップ効果がある、装着したまま授乳ができる……などの利点があり、さらにおなかの中にいた時とほぼ同じ姿勢で抱っこすることができます。

ただし、間違えて使用すると効果がないばかりか、赤ちゃんが落下したり、体がねじ曲がったり、股関節脱臼《だっきゅう》などの事故が起こる危険があります。安全な装着法を覚えましょう。スリングは1枚布でつくられているもので、背板やベルトなどがついていない、テールが縫い込まれていないものを選びます。

◉スリング各部の名称

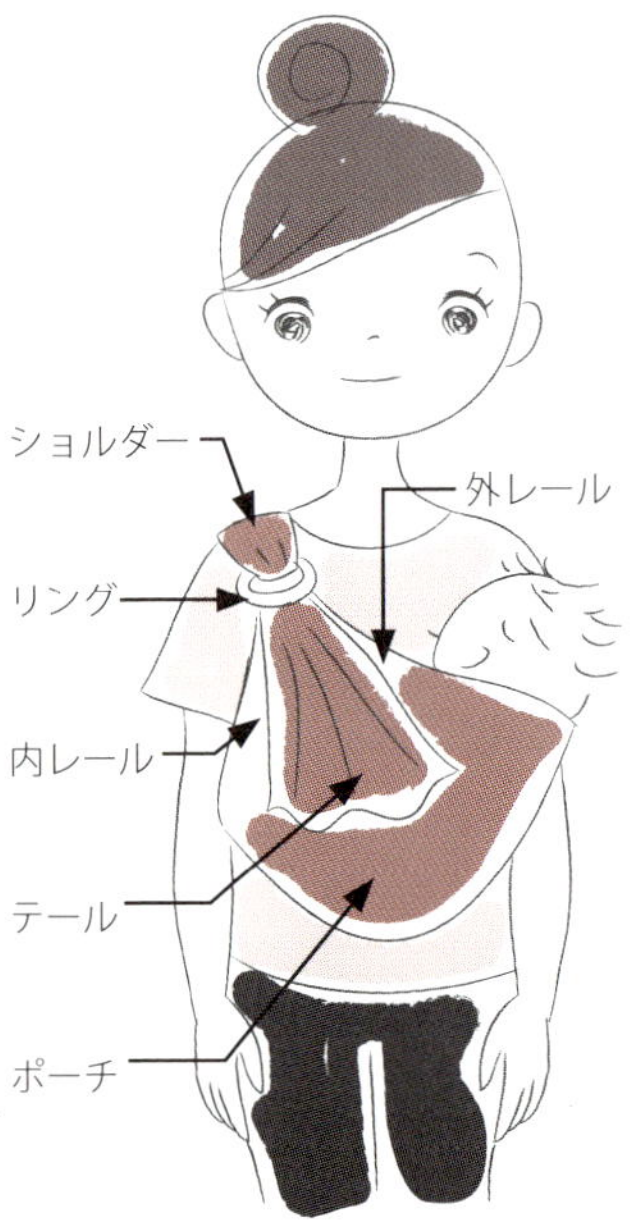

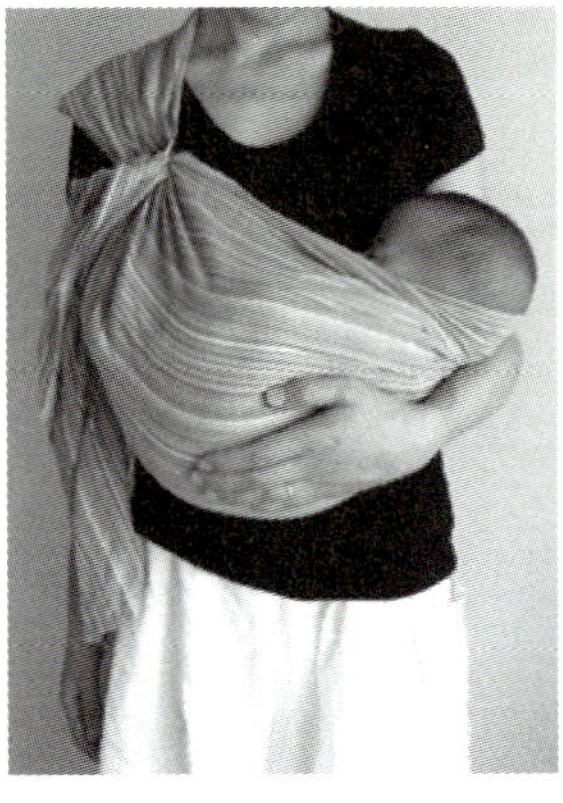

べびぃケア　スリングのセッティング

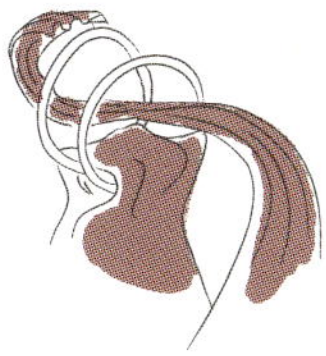

❶テールを端から幅 3cm くらいに折って
ギャザーを寄せ、リングに通して輪にする。

高すぎる時

低すぎる時

❷スリングを肩にかける。左手で抱く場合は、右肩にショルダーがくるように。テールを前にたらした状態でスリングを持ち、左手から頭を通す。

❸両手を入れてポーチの底を広げ、腰骨の高さにくるよう深さを整える。高すぎる時は、ポーチの方を引きさげ、低すぎる時はテールの方を引く。

❹赤ちゃんが落ちないように内レールは体にぴったり密着するようにテールの端を引く。

❺赤ちゃんが入りやすいように外レールだけゆるめる。上側のリングだけをめくり、外レールを前に下げる。

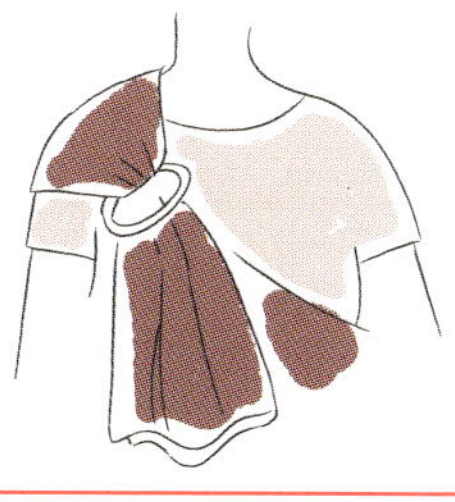

❻リングは鎖骨にのるくらいの位置に整える。最後に背中の布を広げる。

べびぃケア　スリングの着せ方

基本の横抱き（61 ページ）をして、赤ちゃんの姿勢を整えてから着せます。

❶ゆるめておいた外レールを下から赤ちゃんに着せるようにする。抱く人の腕ごと、赤ちゃんをすっぽりとスリングに入れる。

❷テールを引っぱり、赤ちゃんと一緒に入れた腕に布をぴったりとフィットさせたら外側からそっと腕を抜く。
首がすわるまでは、反対の手でしっかりと首を支える。

❸ゆるみやたるみをテール側に寄せ、テールを引いてスリング全体を赤ちゃんにフィットさせる。腕側のテールを引けば内レールが、胸側のテールを引けば外レールが絞れる。

❹〔スリング内の姿勢の確認ポイント〕
・赤ちゃんの背中に布が密着しているか
・首が不自然に倒れていないか
・頭がそったり、うつむきすぎたりして息がしにくくないか
・あぐらをかいているか（股関節、ひざが屈曲している）
・左右対称の姿勢か
・赤ちゃんのおしりはママのウエストより上か

31 赤ちゃんがご機嫌になる寝かせ方

丸い背中の赤ちゃんを平らなベッドに寝かせると、バランスをとろうとして頭をねじり、向きぐせがつきやすくなります。頭を真上から見た時、左右非対称になっていませんか。

「この子はこっち向きが好きなんです」と、言われるお母さんが多いようですが、向きぐせは大人でいえば寝違えたような状態です。向きぐせがあると赤ちゃんは自分で頭の向きが変えられず、つらいのでよくぐずります。そのままにしておくと、赤ちゃんのやわらかい頭はいびつになってしまうので気をつけましょう。

寝かせる時、赤ちゃんの背中を自然な形に保つと赤ちゃんはご機嫌です。タオルケット、バスタオル、ビーズクッション、ハンモック、授乳用クッションなどを利用するといいでしょう。その際、タオルなどを丸めて中央にくぼみをつくり、赤ちゃんをのせます。すき間もタオルでうめます。背中の丸みを保ち、頭にも負担がかかりません。

すでに向きぐせがついてしまった赤ちゃんには、向きぐせがある側の背中に、ストッパーがわりになるクッションやタオルを当てるといいでしょう。ハンカチと詰め物があれば簡単に手づくりできます。また、あおむけや横向きなどいろいろと向きを変えてあげましょう。とくに、あごが引けすぎる赤ちゃんは、タオルなどを丸めた首枕を当てて、頸部のカーブを守ります。

べびぃケア　タオルや枕を使った寝かせ方

赤ちゃんがいやがらない方法を選んでください。何日かするとだんだん体がなじむようになります。

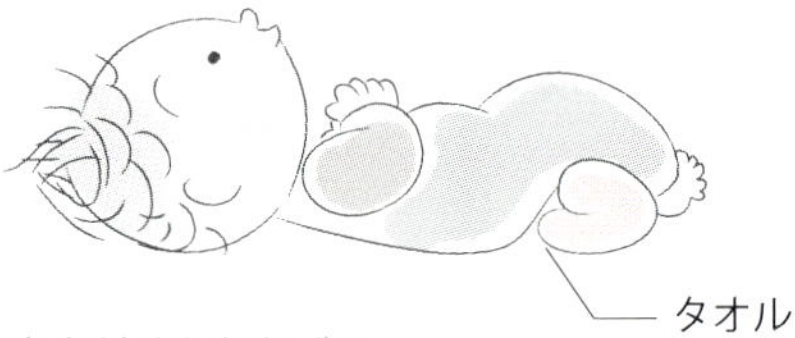

下半身だけもちあげる

首枕だけを入れる

両方に使う

上半身をあげる

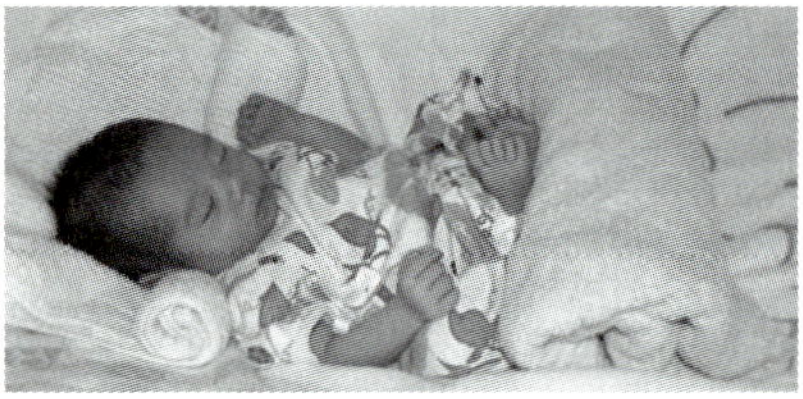

首と下半身にタオルを利用

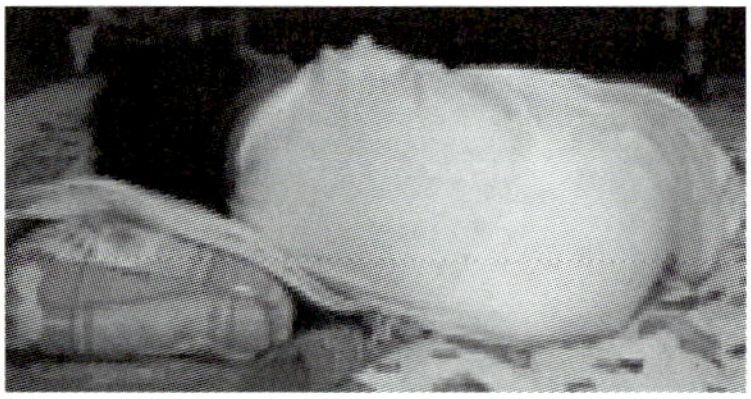

タオルと枕で背骨ラインをまっすぐに

べびぃケア　タオルでの工夫

バスタオルやタオルケットで丸い形の巣をつくります。タオル類はバイヤスに折ります。

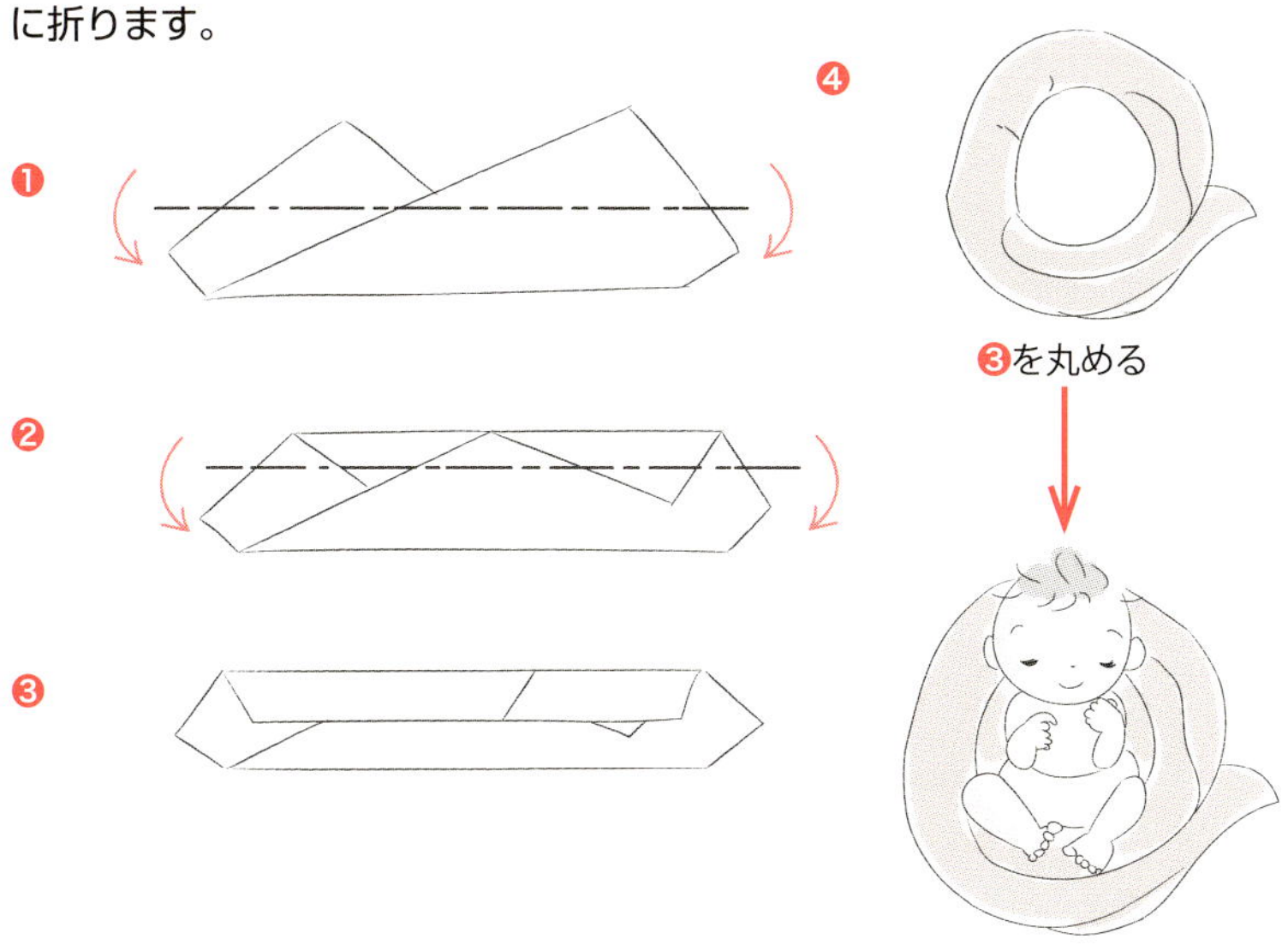

べびぃケア　向きぐせがある時の工夫

向きぐせのある側の背中にストッパーがわりになるバスタオルなどをクッションにして当てておきます。肩からおしりにかけてクッションに赤ちゃんがのるように当てます。

ひじをクッションにのせるのがポイント

32 育児グッズの選び方・工夫のしかた

育児グッズはファッションやお母さんの利便性より、赤ちゃんが楽に過ごせるもの、笑顔でいられるものを基準に選びます。やわらかい赤ちゃんの背中にフィットする形や素材であるかどうかが大切なポイントです。すでに持っているグッズは、べびぃケアの抱き方や寝かせ方を参考に使い方を工夫します。

べびぃケア

育児グッズの工夫

スリングの適切な使い方

79、80 ページを参考に赤ちゃんの体が自然になるように。

バウンサーでの工夫

バウンサーやベビーカーにはタオルや枕を使う。

第4章

首すわりから あんよまでのべびぃケア

——4カ月から1歳まで

首がすわって、自分で頭の動きのコントロールができ、見たいものが見られるようになった赤ちゃん。首の前わんカーブができました。脊柱のS字状カーブのはじまりです。きれいに立ってあんよをするには、脊柱のS字状カーブが大切です。赤ちゃんの「気持ちいい」ことを探しながらおこなう毎日のべびぃケアが、しなやかな体の発達を助けるでしょう。

33

首がすわったかどうかの見分け方

首がすわる、ということは、首を支える筋肉・靱帯が前後左右バランスよく発達し、重力に負けずに頭部を支えられるようになることです。その結果として、頸部の前わん状態が保たれるようになります。

首がすわると、頭部の動きと体の動きが別々にできるようになるので、頭を自由に動かして、見たいものが目で追えるようになります。

また、首を支えるためには首回りだけでなく、肩甲骨のあたりの筋肉も使うため、肩から先にある腕や手が自分の意思で動かせるようになります。

つまり、首がすわれば、上半身を自分で守れるようになるのです。

これらの運動は、次の発達に進んでいくための重要なステップです。「腹ばい遊び」をすると首すわりのための赤ちゃんのいい運動になります。

終わったら、基本の横抱きで頑張った背中の力を抜いてあげましょう。

寝返りが左右ともできるようになったら首すわりの完成です。

べびぃケア　首すわりを見分ける

❶縦抱きにしても頭がゆれない＝縦抱っこしてあやしても頭部がゆれない。

❷腹ばい姿勢の時にひじで上半身を支え、頭を体の正面であげることができ、左右を見渡すことができる。この時、足を浮かせた飛行機姿勢にならない。

❸左右両方の寝返りができる。

べびぃケア　首すわりを促す腹ばい遊び

❶１日合計約 10 分赤ちゃんを腹ばいにする。

❷頭があがりにくい時は、胸の下にバスタオルを丸めて入れる、お腹から胸を座布団にのせてみる。顔の前で目を見つめながらあやす、背中をなでなでする。腹ばいが苦手な赤ちゃんは、お母さんのおなかの上にのせて楽しむことからはじめてみる。

34

首がすわってからの抱っこと寝かせ方

首がすわると、肩甲骨のあたりまで筋力が発達しますが、腰を支える筋肉までは育っていないため、胸から下はしっかりと支えて抱っこします。

スリングも、発達段階に応じて使い方を変えます。赤ちゃんがどの抱っこが好きなのかが基準です。共通しているのが、赤ちゃんのひざをおしりより高くすること。ひざをおしりより低くすると、赤ちゃんが緊張するだけでなく、ずり落ちやすくなって危険です。

寝かせる時は、首の頸部のカーブにそうように枕を当てます。せっかくできた頸部のカーブが、不自然にのびてしまわないよう、タオルをくるくると丸めてつくる枕で調整しましょう。市販のドーナツ枕の場合、頸部のカーブに合わずあごが引けすぎるようならばおすすめできません。

また、腰部のカーブはまだ完成していないので、寝かせる時は股関節とひざを曲げて足を少し高くしてください。

寝返りができる赤ちゃんは、うつぶせで寝ることもあります。顔がうまらないよう注意すれば、自分で顔をあげて向きを変えます。

べびぃケア　首がすわった赤ちゃんの抱っこと寝かせ方

お母さんの胴体に足を回した時、
ひざを曲げるようにする。

60ページを参考に赤ちゃんがいやがらない方法を選ぶ。足は自由に動かせるように。

べびぃケア　上手なスリングの使い方

縦抱き

お母さんと赤ちゃんのおなかを合わせる抱き方。

カンガルー抱き

外側を向かせる抱き方。

寄りそい抱き

はいはいができるようになったら足を出してもOK。ひざを曲げ、おしりより高くあげる。ひざがのびる場合はまだ早い。

35 楽しく寝返りを促す方法

寝返りは、頭から足先まで使う全身運動です。筋肉をきたえ、腰部の前わんを形成するための大事なステップですが、中にはなかなか寝返りをしない赤ちゃんもいます。

寝返りは、赤ちゃんが何かを追視して首を回し反対の手でとらえようとする、その連動で体をひねるものです。

鈴など音の出るおもちゃを使って追視させてみましょう。赤ちゃんの目の前で鈴を鳴らし、ゆっくりと左右に動かします。赤ちゃんの視線が鈴を追い、首も左右にねじります。首を動かして追視していると、首の後ろの筋肉がきたえられ、頸部の前わんがしっかりします。鈴を徐々に遠くに移動すると、赤ちゃんは鈴をとろうと反対側の手をのばします。手をのばすことで肩から腰がねじれ、それが限界まできた時に寝返ります。体の反対側に体重移動ができると、手がきれいに抜けて、体が完全に回ります。

途中で寝返りが止まってしまう赤ちゃんには、上になった側の脇腹をくすぐってみましょう。くすぐったくて身を縮め、反動で寝返ります。片側しかできない赤ちゃんには、逆側もできるように補助し、体を均等に使えるようにしてあげましょう。

べびぃケア　まったく寝返りができない時

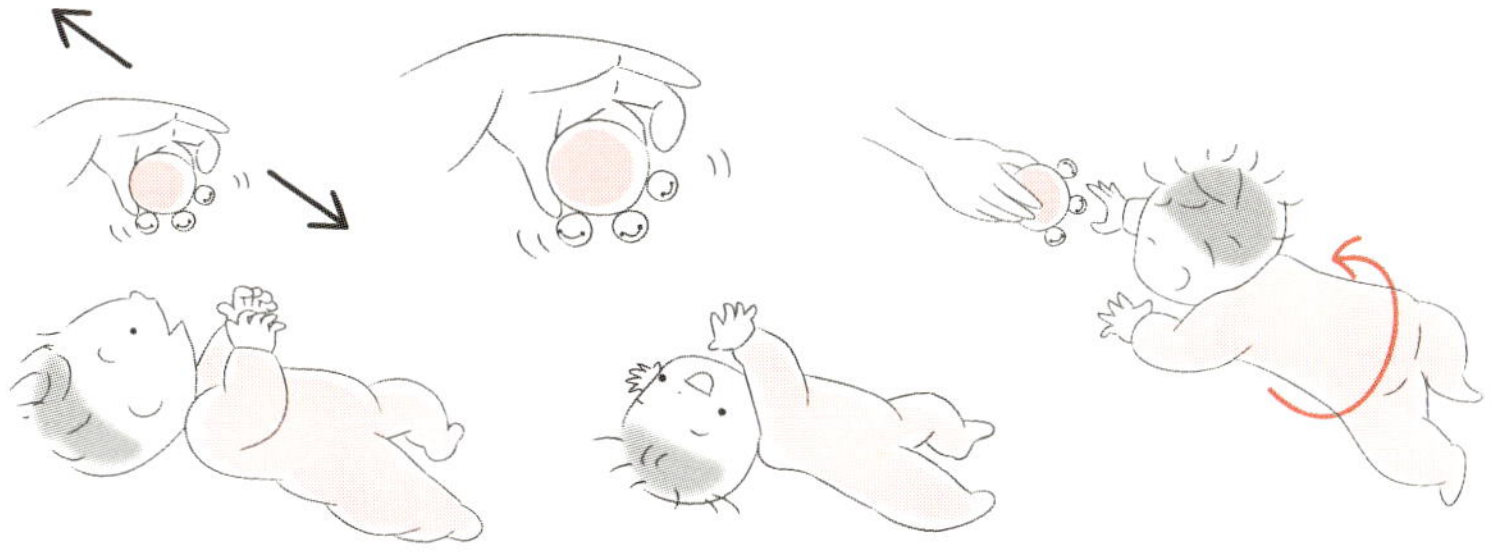

❶赤ちゃんの目の前で鈴を鳴らし、ゆっくりと左右に動かす。赤ちゃんの視線が鈴を追い、首も左右にねじる。追視で首の後ろの筋肉がきたえられ、頸部のカーブがしっかりする。

❷鈴を徐々に遠くに移動すると、赤ちゃんは鈴をとろうと手をのばす。限界まで手をのばすことで、肩から腰がねじれ、それが限界まできた時に寝返る。

❸下の手が抜けると体が完全に回る。

べびぃケア　左右どちらかの寝返りしかできない時

一人が追視を誘い、一人が骨盤を支えるというように、二人でおこなうとやりやすい。おむつがえのついでに。

寝返りできる方

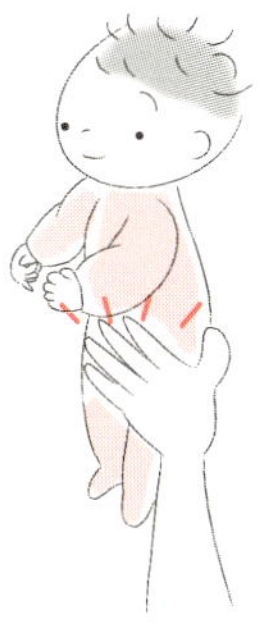

寝返りをしようと骨盤が床から垂直になったら赤ちゃんの骨盤を支えて抵抗を与え、しばらくそのままにしたあと、手を離して寝返りをさせる。これを３回くり返す。

寝返りできない方

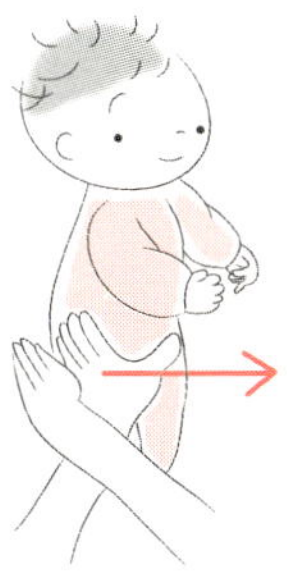

止まったところで骨盤を支え、寝返りを促す。途中で止まったら、背中をさすったり、脇腹をくすぐって。

36

赤ちゃんも楽、お母さんも楽なおんぶのしかた

昔ながらの「おんぶ」は、お母さんの両手があく、忙しい時でも赤ちゃんとのスキンシップがとりやすい、赤ちゃんと同じ目線になれることから、また見直されています。

おんぶは、赤ちゃんの腰部をしっかりと後わんさせて、ひざをおしりより高い位置にします。おんぶひもを選ぶ時も、赤ちゃんが背中から腰を楽に丸められる素材や形に注目してください。赤ちゃんのおしりがお母さんの肩甲骨の下（アンダーバストライン）にくると赤ちゃんもお母さんも楽です。

現在のおんぶひもは、胸の前がばってんになるものとリュック型になるものに分けられます。実際に赤ちゃんを背負ってみて、自分にフィットする方を使ってください。

首がすわる前からおんぶできるおんぶひもも開発されていますが、どんなに機能的な製品であろうとおんぶは赤ちゃんの首がすわってずりばいができるころからにしましょう。

べびぃケア　安全なおんぶのしかた

お母さんが前かがみになり赤ちゃんをできるだけ背中の上にあげる。肩甲骨の下のあたりで赤ちゃんの重みを支える。

ポイント1
背中から腰まで、
自然に丸まるように。
ポイント2
赤ちゃんのひざ
をおしりより上
の位置に。

おんぶひもの種類

昔ながらのおんぶひも

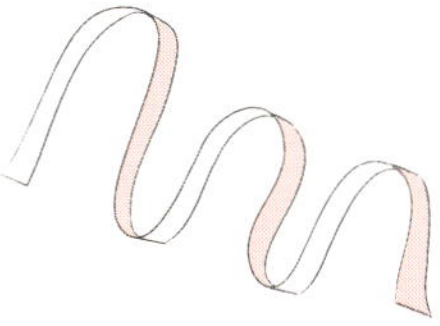

赤ちゃんを背負ってから胸の前でひもをばってんに結ぶ。S字状カーブの背骨にフィットする。

首支えつきのおんぶひも

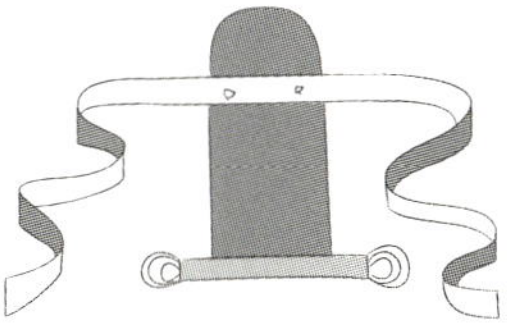

赤ちゃんの首を支える機能があるが、使うのは首がすわってずりばいができるころに。

リュックサック型のおんぶひも

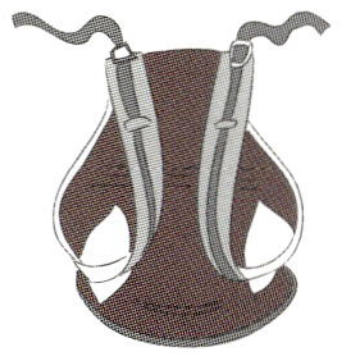

ひもに腕を通すだけで背負える。背中がフラットな人にフィットしやすい。今は圧倒的にリュックサック型の方が楽という人が増えている。

37 あんよができるまでの赤ちゃんの姿勢の発達

寝返りは、背中や腰をぐっとねじって体をしならせ、全身を使っておこないます。何度も寝返りをすることにより腹筋や背筋、腰やおしりの筋肉がきたえられ、徐々に腰部に前わんができます。

寝返りするようになった赤ちゃんを腹ばいにすると、頭をぐっとあげ、両手でバランスをとってふんばります。

寝返りをすると次ははいはいです。はいはいをはじめると、前後、左右へ移動するようになるため、背中や腰、おしりや足にさらに筋肉がついてきます。

はじめはおなかを床につけてはう「ずりばい」から、だんだん胴回りを支える筋力やおしりの筋力がつくと、おなかを床からあげた「四つんばい」ができます。

背中や腰の筋肉がきたえられると背骨が重たい頭を支えられるようになるため、頭が骨盤の真上にくるようになります。首からおしりのところまで、背骨がきれいなS字状カーブを描くようになるとひとりでお座りをし、たっち、あんよの準備が整います。

べびぃケア 赤ちゃんの骨格や筋肉の成長

寝返り

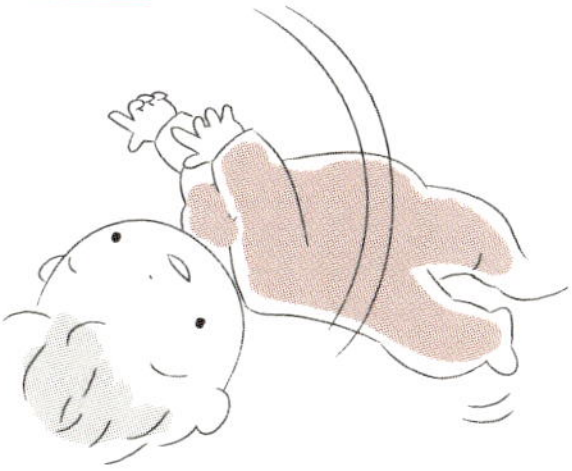

❶寝返りで腹筋、背筋、腰の筋肉がきたえられ、腰部に前わんができる。

はいはい（ずりばい→四つんばい）

❷はいはいで、背中や肩、おしりに筋肉がつく。背骨をしっかり立てられるようになる。ずりばいと呼ばれる、ほふく前進のように上半身だけを動かして進むはいはいからはじまり、少しずつ下半身も動くはいはいに。次いで、おしりをあげたポピュラーなはいはい、ひざをつけない高ばいに進む。

お座り

❸頸部と腰部の前わんができると、頭が骨盤の真上にくる。
自分で座るようになる。

ひとり立ち

❹ひとりで立てるようになる！

あんよ

❺ひとりで歩けるようになる！
背骨のＳ字状カーブが完成するのはおよそ 13 歳。

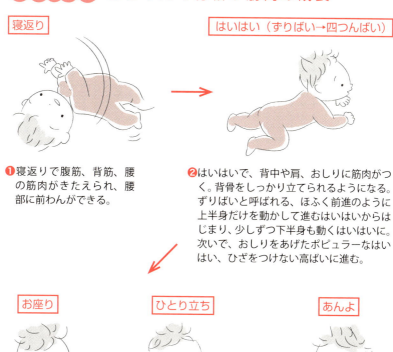

38

赤ちゃんの発達段階をじっくり見守る
——お座りは、はいはいをしてから

◉こんな赤ちゃんはまだお座りさせないで！

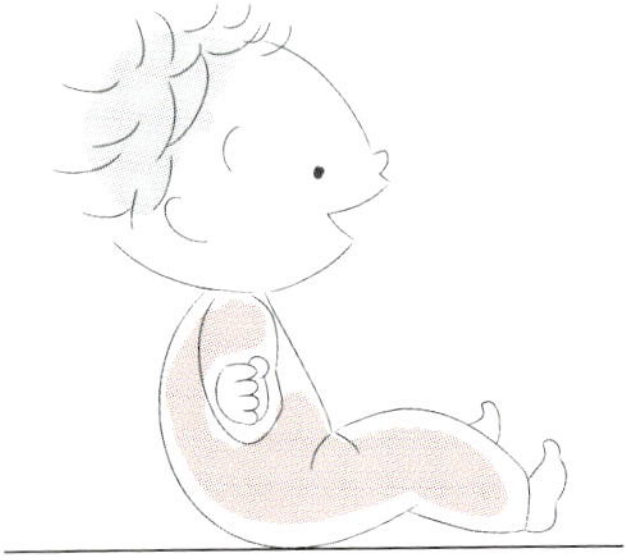

お座りで後ろへ倒れる、ひざがのびている赤ちゃん。まだ体の準備ができていない。

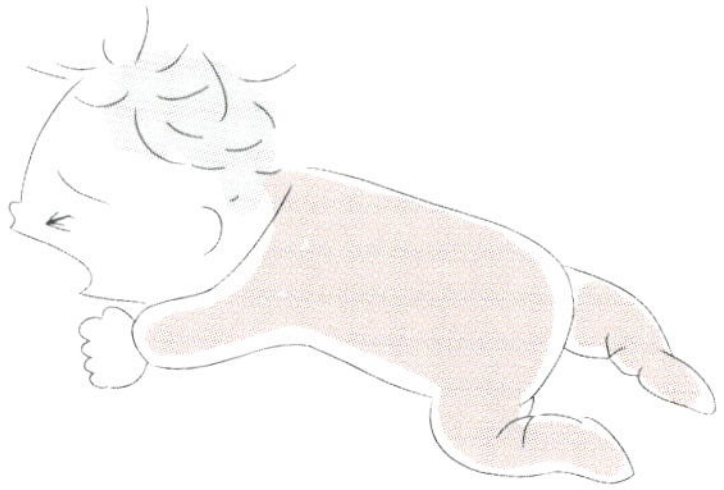

腹ばいがきらいな赤ちゃん。まだ首がちゃんと支えきれていない。

お座りをさせると視野が広がって赤ちゃんの機嫌がよくなるので、早くから腰を固定させる椅子を利用したり、ソファによりかからせているお母さんも少なくありません。

ふつうは坐骨（骨盤の下の骨）を土台にして座りますが、骨盤を支える力がついていない赤ちゃんは坐骨ではなく仙骨（脊柱の下の骨）で座ることになります。しかし、仙骨では上半身の重さを受け止められないため、まるでクマのような姿勢になってしまいます。この姿勢を続けていると、腰の筋肉がこわばり腰椎を前後左右に自由に動かせる余裕ができません。背骨のS字状カーブを育てるためには、寝返りやはいはいという発達段階を経ることが必要です。はいはいができるころになると、赤ちゃんは自分で座るようになります。

べびぃケア　赤ちゃんの姿勢を確認する

仙骨を使って座る赤ちゃん

クマさん座り。お座りで背中が丸くなる。

坐骨を土台に座る赤ちゃん

座骨の下にタオルを入れるとよい。

ベビーチェアと歩行器

寝返りやずりばいで移動をはじめた赤ちゃんからは目が離せませんね。また、腹ばいが苦手な赤ちゃんは、上を向いているだけでは物足りなくてすぐに抱っこをせがみます。そんな時、赤ちゃんが安全にお座りできるベビーチェアや歩行器があると便利かもしれません。

でも、お座りもあんよも、赤ちゃんが自分の力で獲得していく大切な発達課題です。ベビーチェアは、離乳食を与えたり、家事などでどうしても手が離せない時に短時間使用するにはよいのですが、ずっとそれに座らせていると、自分で体を支える力がつきにくくなります。はいはいが上手にできると、お座りする時に使う筋肉も発達し自分で安全にお座りができるようになります。また、歩行器での移動は、本来の歩行とは違って、足の先でけって進む移動ですからあんよの練習にはならないのです。

べびぃケア　おすわりの工夫

赤ちゃんが四つんばいから自分で座れるようになるまでは、全身を守る工夫が必要です。

あぐら

親のあぐらの中にすっぽりといれると安定します。

椅子

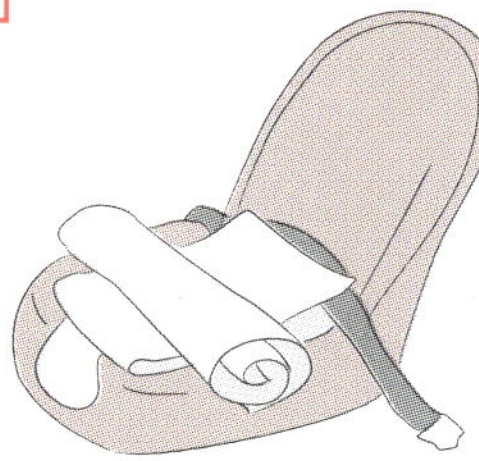

椅子を使う場合は、足はあぐら、おしりから頭部まで支え、肩を支えるようにタオルをいれます。

自分の意志で座れ、腰がしっかりしてきたら、足をおろして座っても安定してきます。足台を使う、浅く座るなど、坐骨に体重がのり足裏全体が床につく工夫をします。

39

はいはいができるようになった赤ちゃんの抱っこや寝かせ方

◉抱っこのしかた

赤ちゃんのひざの裏に腕を当て支える。

はいはいやお座りができるようになると、上半身から、おしりくらいまでしっかりと自分で支えて動かせるようになっています。赤ちゃんが自分の手で抱っこしてくれる人につかまることができれば、上半身は支えなくても大丈夫です。腰から下を丸くなるように支えます。ひざの裏に腕を当て、ブランコにのるようにおしりを落とした状態で支えると楽です。眠った時は、自分で支えられない背中や頭を支えてあげてください。

寝る時は、寝返りで自分の体を整えます。あおむけ、横向きで寝る赤ちゃんは、首にタオルや枕を入れてあげましょう（82ページ参照）。綿の布団だとちょうどいい弾力と硬さがあるので、赤ちゃんもすやすや眠ってくれるでしょう。

はいはいによって育つ体の機能

コラム

はいはい（四つんばい、高ばい）は、赤ちゃんが歩き出してからの多くの動作とつながっています。

はいはい動作でできるようになること	どんな動作につながるか
パラシュート反応が前方・側方・後方にしっかり出るようになる	転びそうになった時、手をついて体を守る とび箱や鉄棒、側転、パンツやズボンをはく動作
体幹が安定して支持でき、動かせるようになる	安定した座位姿勢（坐骨で座って背筋をのばせる） 黒板を見ながらノートを書く
手のひらをしっかり地面についてはう 肩が安定する・手の機能が発達する	鉄棒、縄跳び、とび箱、スプーン・箸や鉛筆の使い方
肩や首の筋肉がしっかりすることで、口の機能が高まる	左右の歯ぐきで食べ物をかむ
股関節の発育発達	しっかりと歩くための股関節の準備が進む
足裏で地面をけって足を高く上げる	ころばずに歩く、走る
目的（ゴール）を決めて、それに向かって自分で動く	視空間認知（ものの位置や向きを認識する能力） ゴールまでの距離感、人との距離感をつかむ

べびぃ時代に十分にはいはいをすることは、体を安定して動かす練習となります。

広い場所で、思う存分はいはいができる機会を持つ、室内なら３畳分位だけでも何もない空間を用意する、布団やクッションを置いて、それを超えて進む、椅子や机の下をくぐるなど、ちょっとした工夫をしてあげてみてください。

できた時の満面の笑顔、「どうだ！」とばかりの眼差しを一緒に楽しみましょう。

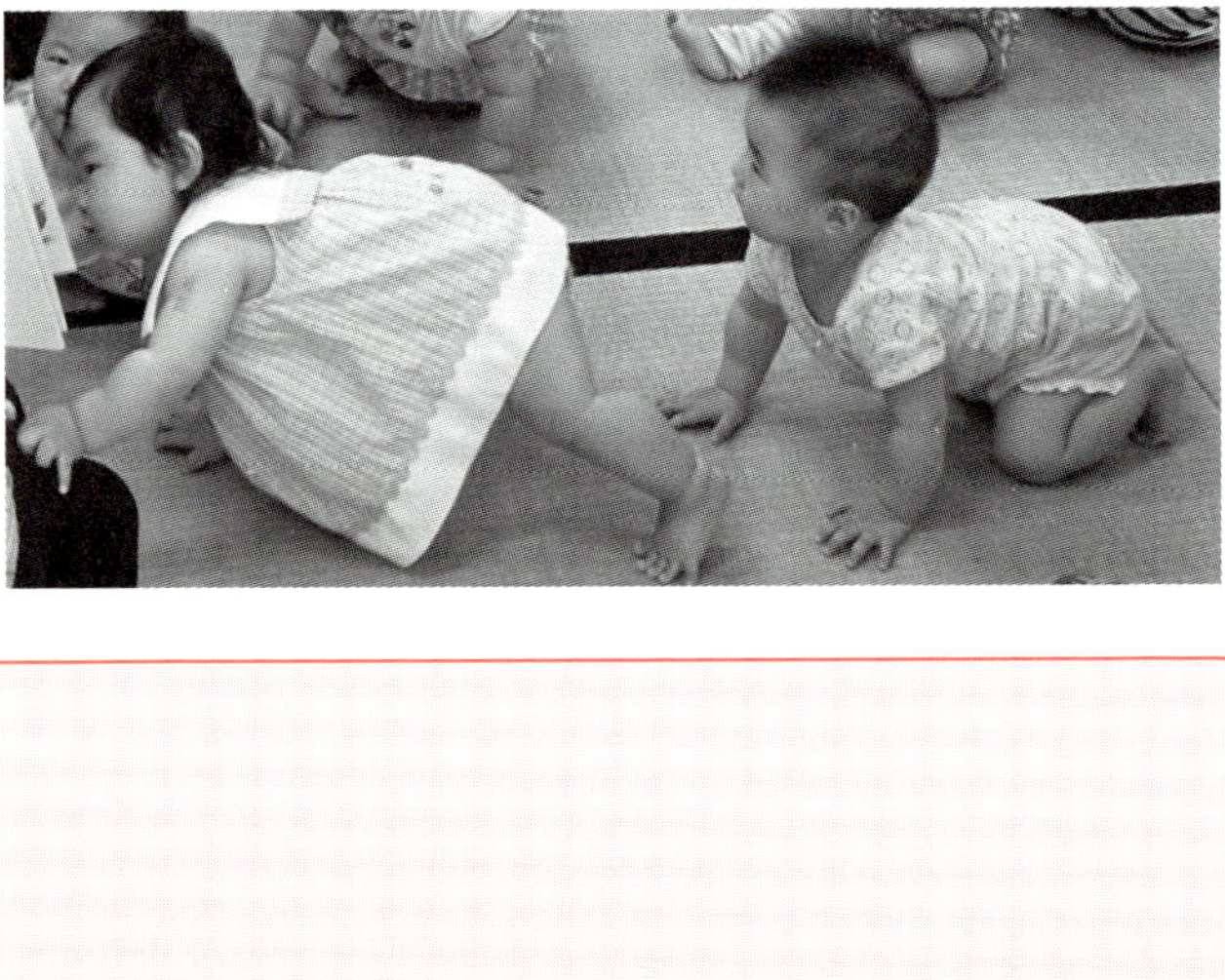

第5章

ママと楽しくべびぃケア遊び

赤ちゃんの体をほぐし、次の発達を促す遊び、「べびぃケア」遊びを紹介します。

赤ちゃんが気持ちいいかどうかが一番のポイントです。だから、まずは親子でリラックス。

お気に入りのおもちゃを1つか2つ用意して、遊びながら赤ちゃんの成長を応援しましょう。

40 楽しく遊んで赤ちゃんをよりすこやかに

「べびぃケア遊び」は、操体法の基本を取り入れた赤ちゃんの体をほぐす遊びです。
親子で遊びながら楽しく体を動かしていくうち、こわばっていた赤ちゃんの体もどんどんほぐれていきます。体がほぐれた赤ちゃんは自由に動くようになり、必要な筋肉が自然に発達していきます。体が楽になるので、赤ちゃんの機嫌もよくなるでしょう。

あなたの赤ちゃんの様子は？

おむつをかえる時、足が開きにくい、抱きづらい、体を洗いづらい、着がえさせにくい……など、扱いにくいところはありませんか？　向きぐせはありませんか？　赤ちゃんの体で冷たい、硬いと感じるところはありませんか？

さわった時の筋肉のバランスは？　片手しか使わない、追視をしない……など、赤ちゃんの動きや姿勢で気になることはありませんか？

体がこわばった赤ちゃんは、本来の生理的な姿勢をとりにくいため、まずは、赤ちゃんが一番楽でいられる姿勢を見つけましょう。向きぐせがついているなら、くせがついた方向に向かせる、反り返るくせがついているなら反り返らせる。赤ちゃんを自由にさせ、落ちつく姿勢を探します。すると自然に体がゆるみます。体がほぐれた瞬間に赤ちゃんを包み込むように抱っこの体勢にすることを何度もくり返せば、少しずつですが本来の姿勢がとれるようになります。

赤ちゃんは一人ひとり違います。「あなたは、どうすれば気持ちがいいの？」と聞く気持ちで、よく観察してください。赤ちゃんは、気持ちがよければ表情にすぐに表れます。どう抱くと、どうゆらすといい表情になるのか、あなたの観察力と感覚を頼りに見つけてください。

べびぃケア遊びをはじめる前に

赤ちゃんの体をさする時は、丹田と呼ばれる、ご自分のおへその下のおなかの内側を意識し、肩甲骨を後ろに寄せます。赤ちゃんは大人よりもずっと小さく、体もやわらかいので、指先に力を入れないように注意してください。指先に力を込めてさすると、赤ちゃんの体は逆にこわばってしまいます。

- お母さんの爪はのびていませんか？
- イライラしていませんか？
- 赤ちゃんのコンディションは整っていますか？
- 部屋が寒すぎたり暑すぎたりしていませんか？
- 赤ちゃんの様子を観察し、赤ちゃんに意識を集中しましょう！

視線合わせ

41

赤ちゃんが目からの刺激を左右均等にとらえていると、顔の正面で視線が合います。向きぐせがあると、視線が顔の正面に合わず顔の向きと体の向きがねじれます。赤ちゃんと視線が合いにくい時は、遊んだり、話しかける時に、あごを引き視線と視線を顔の正面で合わせるようにします。0 カ月から。

◉ やり方

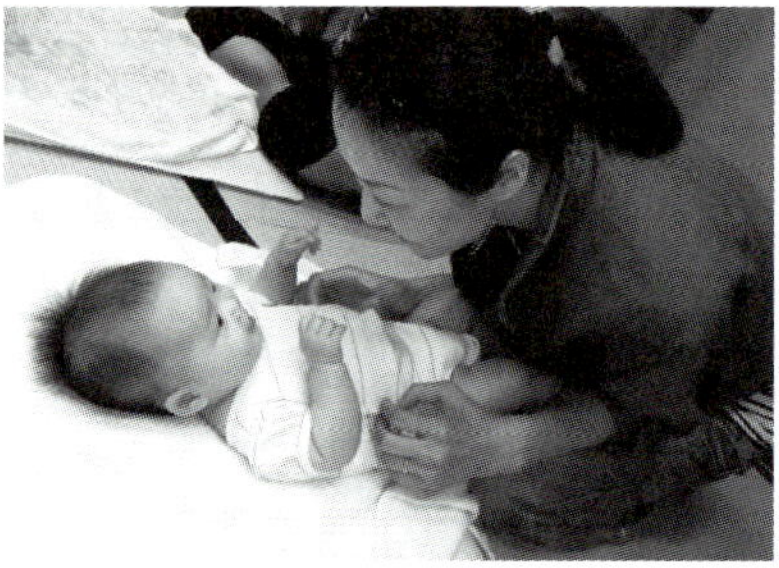

❶赤ちゃんと向かい合う。姿勢は発達状況に応じて保ち、額からおへそまでをまっすぐにして、顔の正面で見つめ合う。

❷ママの顔を上下左右に動かして追視を誘う。

❸追視ができるようになったら、舌を出したりしてコミュニケーションをとろう。赤ちゃんもまねをしてくれるはず。

●メリーやモビールを使う時は

メリーやモビールは、赤ちゃんの目線の先になるように足元にぶらさげましょう。枕元につるすと、赤ちゃんはメリーを見ようと見上げる姿勢になるので、首が反ってあごがあがり、緊張してしまいます。対して足下につるせば、赤ちゃんは背中を丸め、あごを引き、楽な姿勢で見ることができます。ベッドが窓際にあるのなら、寝かせる位置を変えたりメリーを利用するなどして、みんながいる方にばかり顔を向けないよう注意してあげてください。

注視遊び、追視遊び

42

この遊びも赤ちゃんの視線を整える遊びです。向きぐせがある赤ちゃんは手で体全体を正面に向け、クッションなどで支えてください。0カ月から。

◉やり方

❶赤ちゃんを寝かせ、額からおへそまでをまっすぐにして前を向かせる。発達状態に応じた姿勢を必ず保たせて。

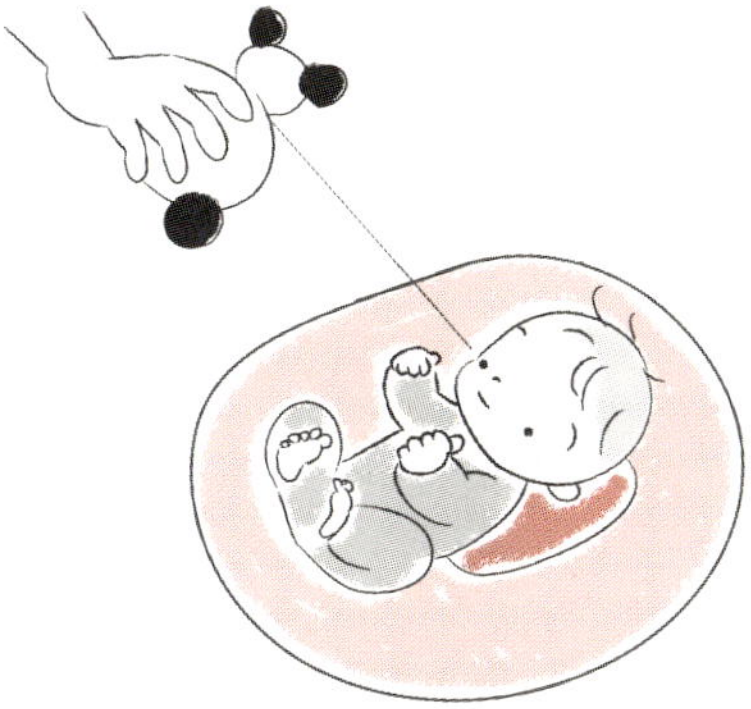

❷おもちゃを赤ちゃんの目線からまっすぐ30cmくらいのところに持っていく。

❸赤ちゃんがじっと見ていたら、左右にゆっくり動かし、追視を誘う。
続いて、下、上に追視を誘い、まん中に戻す。

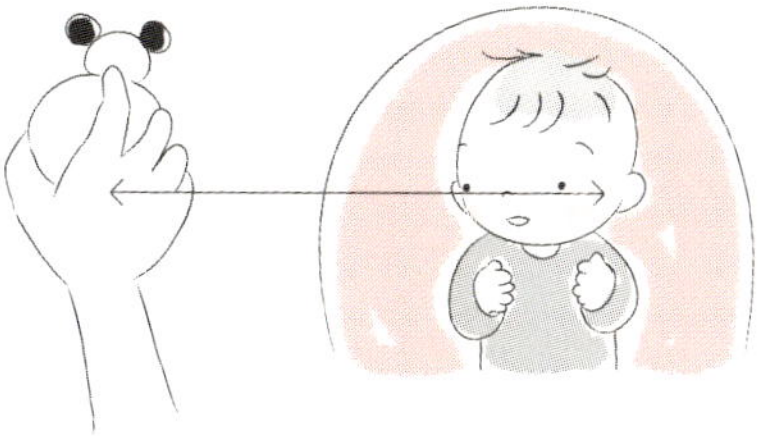

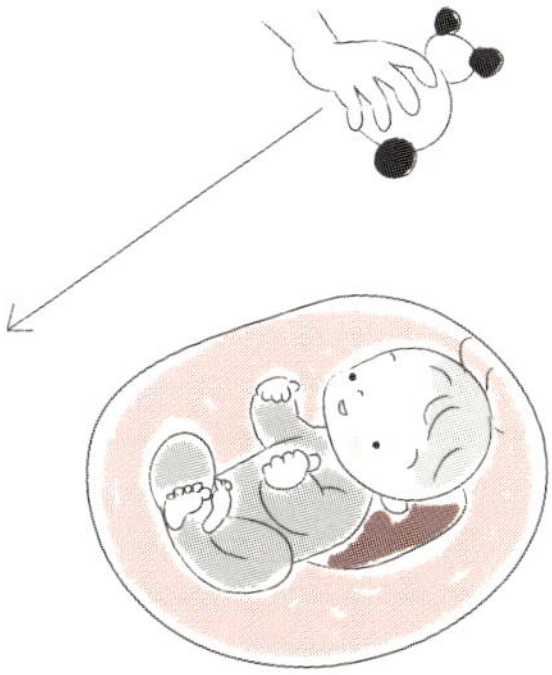

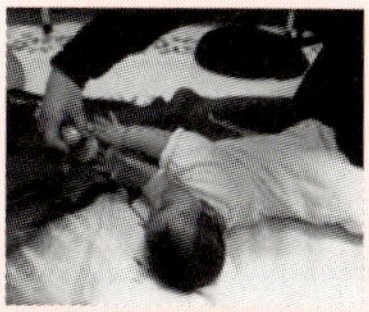

首がすわったころに追視して寝返りを誘う遊び（90ページ参照）。

こぶし開き

43

赤ちゃんは4カ月ごろになれば手のひらが開いてきますが、中にはこぶしのままでいる赤ちゃんも。そんな時、この遊びで手のひらをほぐしてあげましょう。親指を外に出すことは、スプーンやはし、鉛筆を上手に持つことにつながります。0カ月から。

◉やり方

❶赤ちゃんのこぶしを下に向ける。

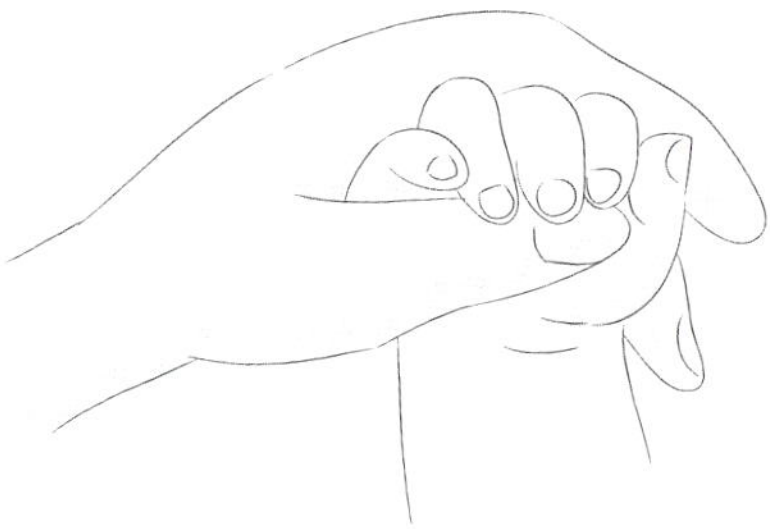

❷赤ちゃんのこぶしの中に大人の指を小指の側から入れて親指の側まで通して握らせる。

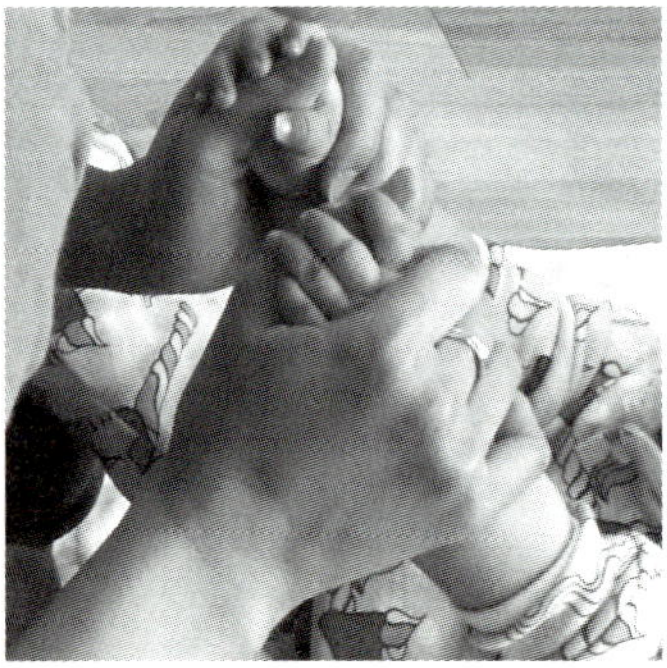

●ポイント

少し大きくなったら、手のひらを開かせてタンバリンや太鼓、机などをたたかせても。

指しゃぶり遊び

44

体のしなやかな赤ちゃんは、生後２カ月にもなると両手の親指をしゃぶりはじめます。手を自由に動かす準備です。なかなか親指をしゃぶらない赤ちゃん、小指をしゃぶる赤ちゃん、片手しかしゃぶらない赤ちゃんには、指しゃぶり遊びを通して手や腕の使い方を練習し、ひじ関節をやわらかくしてあげましょう。両手の親指がしゃぶれる赤ちゃんには必要ありません。0 カ月から。

◉ やり方

❶赤ちゃんの額からおへそがまっすぐになるようにして、前を向かせる。

❷赤ちゃんが指しゃぶりしない方の手を口元まで誘導し、親指をしゃぶらせる。

●ポイント

手を口の前までもっていきにくい赤ちゃんには、「かいぐり」（108 ページ）「おいでおいで体操」（117 ページ）をおこない、肩まわりの筋肉をほぐしてからおこなう。

かいぐり、おつむてんてん

45

赤ちゃんの肩の動きがよくなって、腕もよく動くようになります。

頭に手が届かないような赤ちゃんは、かいぐり運動をして体をほぐしましょう。両手が合わない赤ちゃんは、できる範囲で動かしていくと、徐々に大きく動くようになります。０カ月から。

◉ やり方

かいぐり

大人の指を１本握らせて、「かいぐりかいぐりかいぐり」といいながら両手を内側・外側に胸の前で回す。

おつむてんてん

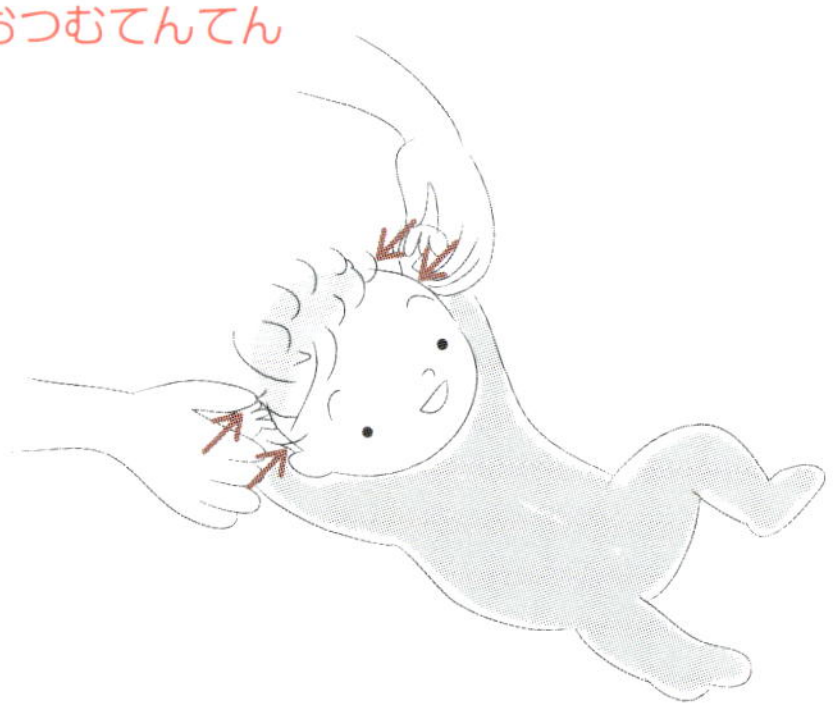

「おつむてんてん」といいながら、赤ちゃんの頭をさわらせる。おつむてんてんができなくても、無理をしない。かいぐりからはじめて何度もくり返すことにより、少しずつできるようになる。

ちいちいぱっぱ　おなかトントン たぬきさん

かいぐり遊びの準備体操として。大人の指を１本握らせ、腕を開いたりとじたり、おなかにあてたり、胸にあてたり、無理なく動ける範囲でおこなう。

●ポイント

親指を中に握っている赤ちゃんは「こぶし開き」で握らせてあげる（106 ページ）。

背中なでなで

46

背中と肩、おしりの緊張をほぐします。抱っこの時、ゲップの時などふと気づいた時にさわってみます。首のつけねから肩まわり、背中、おしりなど、硬いかな、冷たいかなと感じるところを、手のひらでゆっくりとじんわりあたためたりなでたりします。0カ月から。

◉やり方

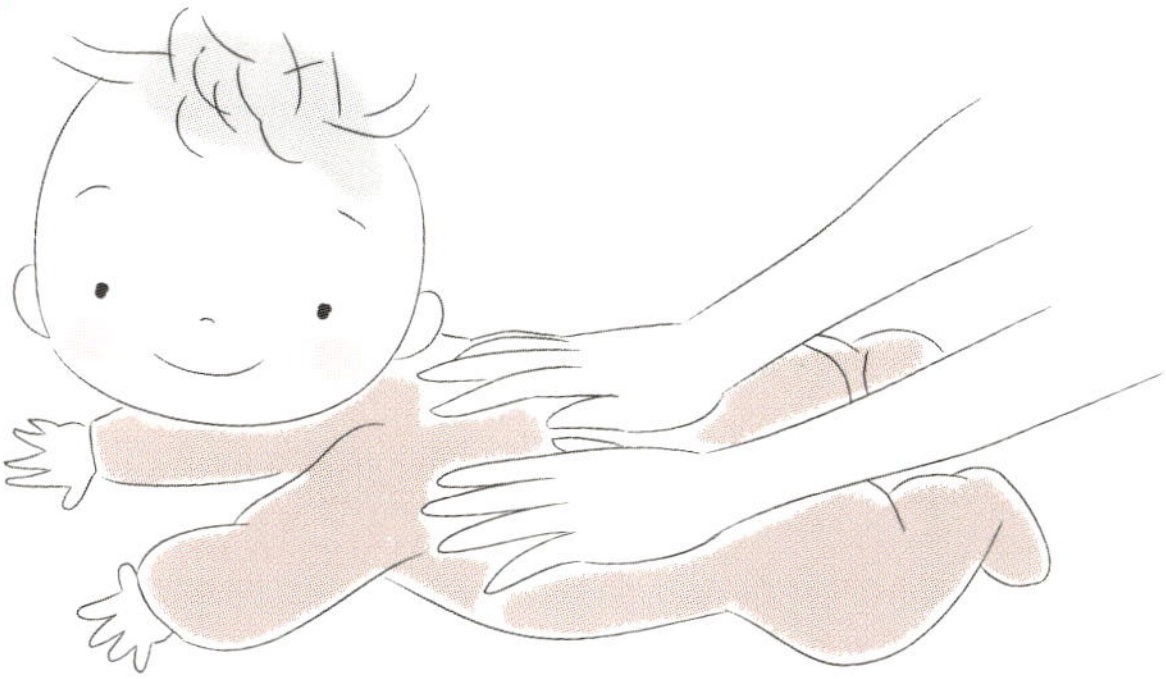

❶赤ちゃんを腹ばいにさせ、細かくやさしく指先でトントンする。

❷筋肉が硬くなっている部分があれば、そこをゆるめるようになでて。
赤ちゃんが気持ちよさそうにしていたらOK。さわるといやがる場所はやめる。

●ポイント

腹ばいをいやがる時は、ひざの上、おなかの上、ゲップの姿勢など赤ちゃんの好きな姿勢でおこなう。

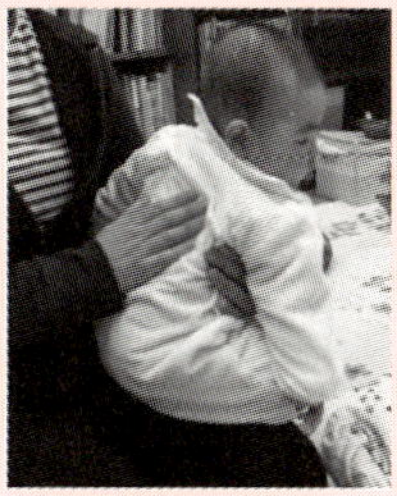

耳たぶほぐし、頭なでなで

47

耳たぶほぐしは、血流をよくし、首のこりを改善します。リンパの流れや顔の血流もよくなるので、顔がしまる効果も。頭なでなでの時も、この遊びで血流をよくしてからおこないます。

頭なでなでは、頭のこわばりがとれ、向きぐせが改善します。キーキーと泣き声を上げる赤ちゃんにも効果的。0カ月から。

◉やり方

耳たぶほぐし

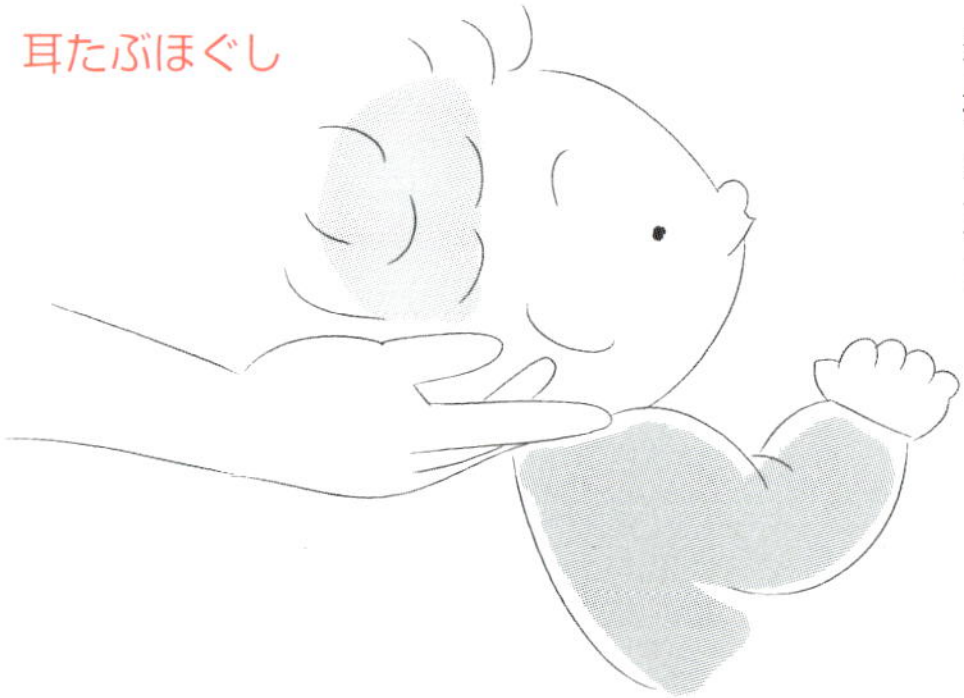

赤ちゃんの耳たぶの後ろ側のつけねを、指先で軽く押しながら上から下まで、下から上までと何往復かする。

耳全体をやさしく持って前回し、後ろ回し、回しやすい方から数回回す。

●ポイント

左右の耳たぶがやわらかく前方に倒れるように。硬い方を中心におこなうとよい。

頭なでなで

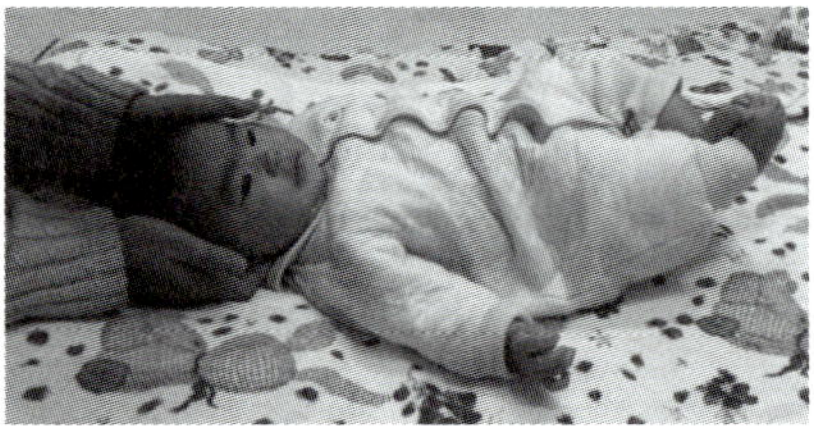

手のひら全体で赤ちゃんの頭をなでる。頭の皮が骨の上でくるくる動くのが感じられるようになればOK。赤ちゃんがいやがらない方向にやさしくなでる。

足遊び

48

赤ちゃんの股関節がやわらかくなり、骨盤や背骨がしなやかになります。はじめは足がおなかにくっつかなくても、だんだんくっつくようになります。０カ月から。

◉やり方

赤ちゃんの背中を丸く保てる工夫をして向かい合う。姿勢は発達状況に応じて保ち、額からおへそまでをまっすぐにして、顔の正面で見つめ合う。

足ぎ～っこんば～ったん

❶赤ちゃんの両ひざの裏に指をかけて股関節を曲げ、おしりが軽くスイングするように、じわ一っと動かす。
❷「ぎ～っこんば～ったん」という掛け声に合わせ、足をやさしく押したりゆるめたりする。無理に曲げる必要はなく、足が緊張していてやりにくい時は、楽に曲がる足を中心におこなうとよい。

おしり丸め

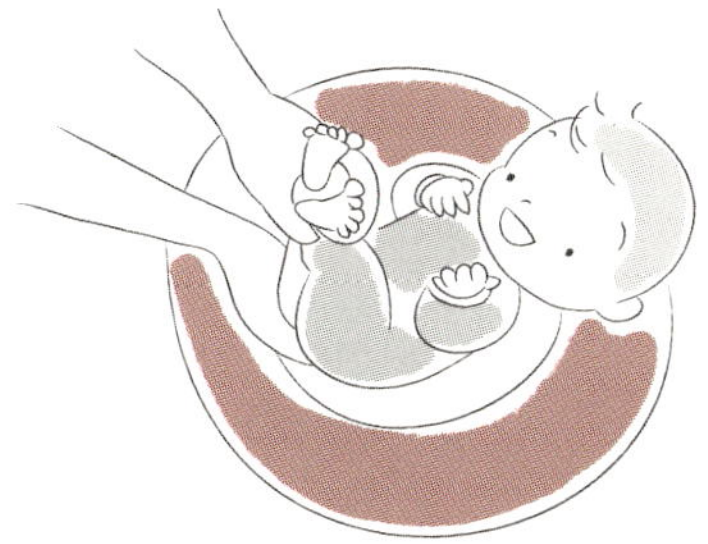

両足首を片手で持ち、おしり（仙骨）を手のひらで支え、おしりがエビのように丸まる方向へふわふわとゆらす。

ぱちぱちとんとん

❶赤ちゃんの両足首を握り、「ぱちぱちぱち」という声に合わせて、足の裏を３回合わせる。
❷足の裏を合わせた状態で、「とんとんとん」という声に合わせて、背中が丸まるようにしながら、かかとをおなかに近づける。この時、赤ちゃんの体軸がまっすぐになるように。

足指回し・足首回し・キック遊び

49

基本的には立って歩くことができる赤ちゃんのための遊びですが、新生児のころから足指や足首をさわられるのを喜ぶ赤ちゃんもいます。0 カ月から。

◉ やり方

足指回し

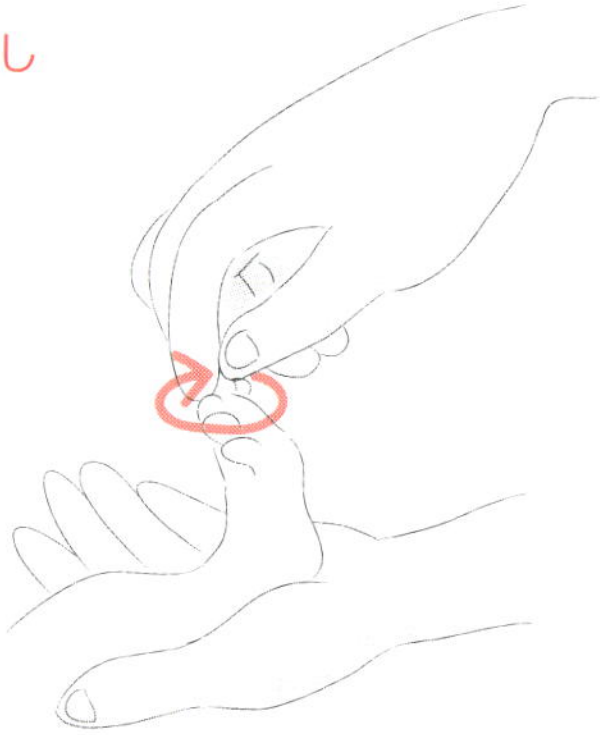

❶赤ちゃんがいやがらない方、または回しやすい方の指からおこなう。

❷基本的に小指、薬指、中指と順番にすべての足指を回す。回しやすい方に多く回すと、回しにくい方も回しやすくなる。いやがる指は回さない。

足首回し

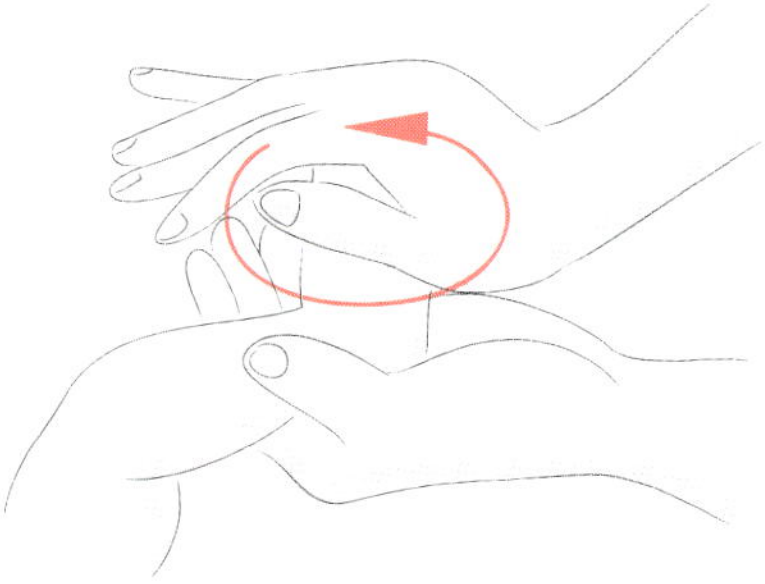

❶赤ちゃんのかかとを片手で支え、逆の手で足首を回す。外側と内側を各 10 回。回しにくさや赤ちゃんの反応を見ながら、回しやすい方を多めに回すといい。

❷逆の足首も同様に回す。いやがる方向は回さない。

キック遊び

赤ちゃんの足の裏に手のひらをあてて、赤ちゃんのキックに合わせて押し返す。赤ちゃんが親指と小指のつけ根、かかとの 3 点で力を入れられるように手をあてる。左右リズミカルに、キックキックと楽しみましょう。

腹ばい遊び

50

できるだけ早い時期から腹ばいを試しましょう。赤ちゃんは腹ばいにしても、自分で呼吸しやすい体勢をとろうとするため、問題はありません。ただし、目は絶対に離さないで。腹ばい遊びをすると、首を支える筋肉がきたえられ首すわりがしっかりします。０カ月から。

◉やり方

❶畳の上、または硬めのマットを用意。シーツやバスタオルはピンと張って。

❷赤ちゃんには短い袖の衣類を着せる。

❸手が顔の横にくるように置く。顔の向きは赤ちゃんにまかせて。

❹腹ばい遊びをしながら、背中をやさしくなでたり、おしりを温めたりする。

❺何かで顔を覆うことのないよう周りは片づける。赤ちゃんからつねに目を離さずに。

❻腹ばい遊びをしながら追視遊びをおこなうと効果的。

●腹ばいがつらそうな時

胸の下にバスタオルを丸めて入れる。足のつけねの位置より、体全体がもちあがるよう座布団などを敷く。この時、ひざが床につくようにする。または、ママのおなかの上で腹ばいをさせる。

おしりもみもみ

51

おしりの筋肉をゆるめることで足が動きやすくなり、体全体がしなやかに動きます。首がなかなかすわらない赤ちゃんにも効果的。0カ月から。

◉ やり方

❶おっぱいを飲ませる時、抱っこしている時など、おしりの硬い部分を手のひらで温める。

❷腹ばい遊びをしている時、おしりを軽く押すようにもむ。

52 ハンモック遊び

筋肉のこわばりがとれ、体がのびやかになります。0カ月から。

◉ やり方

首がすわる前

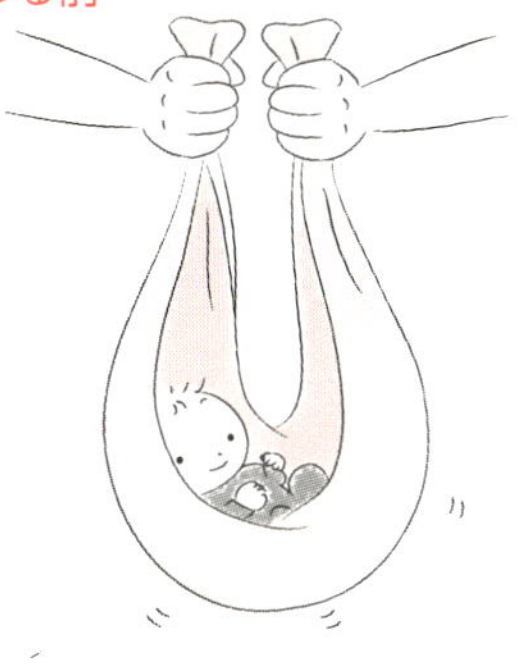

赤ちゃんをバスタオルのまん中に寝かせて床に置き、両端をすぼめて持ち、ごく軽くゆらす。あごが引けすぎないように注意する。

首がすわったら

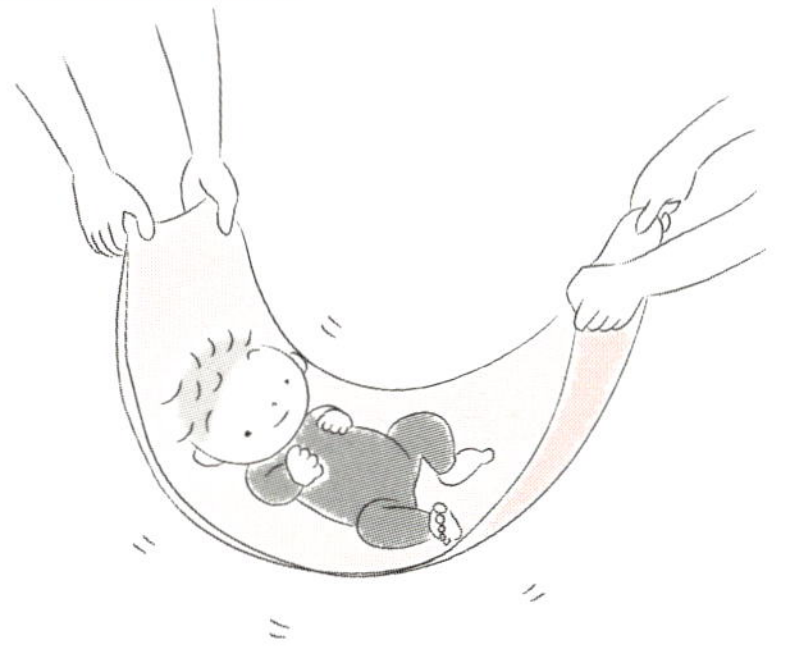

赤ちゃんをバスタオルのまん中に寝かせて床に置き、両端を二人の大人で持ち、赤ちゃんの様子を見ながら軽くゆらす。

5～6カ月すぎたら

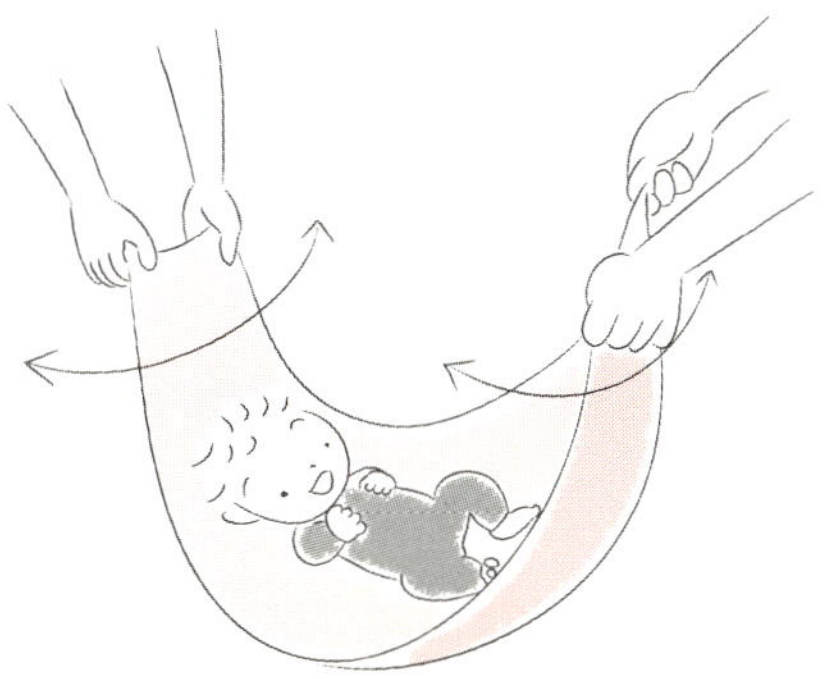

赤ちゃんをバスタオルのまん中に寝かせて床に置き、両端を二人の大人で持ち、赤ちゃんの様子を見ながら左右にゆらす。

体で包み込むように抱いてゆれてもOK

脇ゆるめ

53

脇の下をゆるめ、肩を動きやすくします。手が前に出にくい時などに効果的です。

はいはい前の赤ちゃんはおしりをママのひざにつけたまま軽くおこないます。

はいはいできるころには脇からもち上げる「高い高い」も好きになります。首がすわってから。

◉やり方

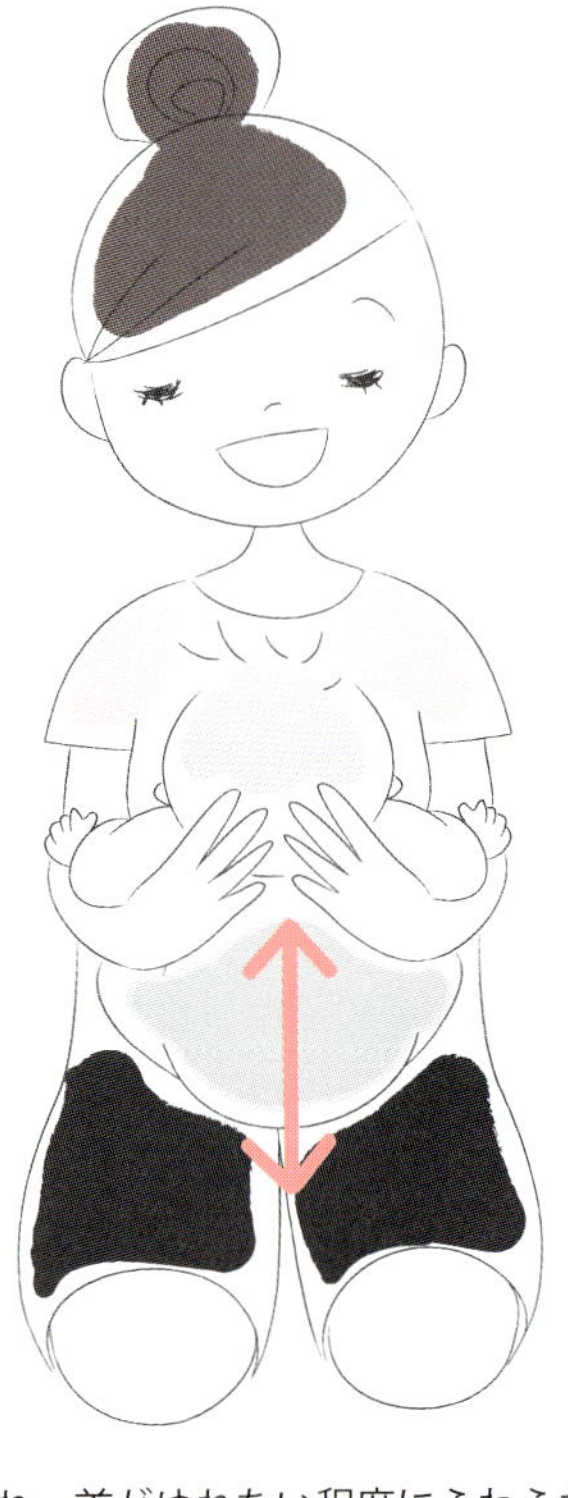

両方の脇の下に手を入れ、首がゆれない程度にふわふわと上下にゆらす。

おいでおいで体操

54

肩や腕をやわらかくします。何回かくり返すとこわばった肩、ひじ、脇がゆるんですーっと腕がのびるようになります。首がすわってから。

◉やり方

赤ちゃんにママの親指を握らせて、赤ちゃんの手首をもって「おいでおいで～」とゆっくり引き上げる。ひじから肩甲骨がじわっと伸びるのを感じて、頭が少し上がりかけたらゆっくり戻す。はいはいができるくらいの赤ちゃんは、腕を引くと自分であごを引いて頭を持ち上げてくるので、お座りまで起こしてからゆっくりまた寝かせていく。受け身（後方パラシュート）の練習になる。

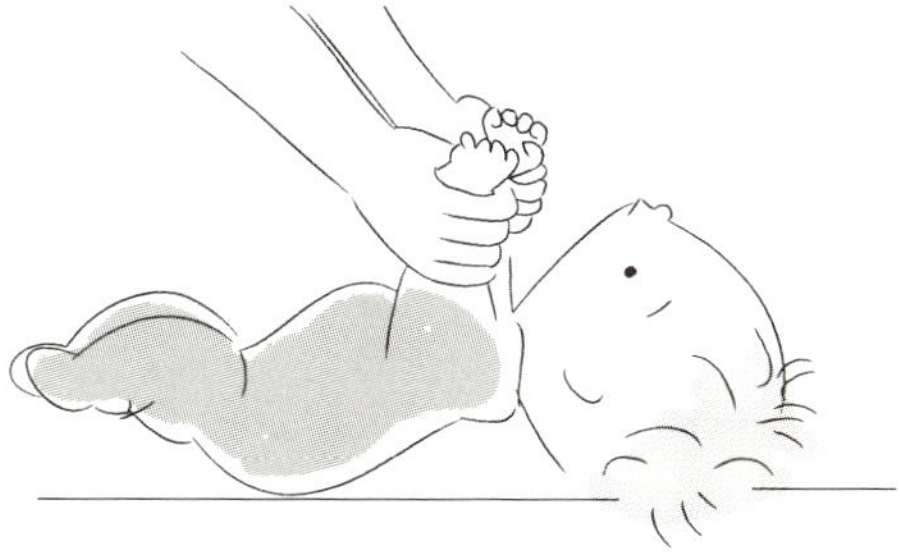

首がすわるまでは頭が床から離れないようにする。

首がすわると自分の頭をもちあげてくる。

お馬さん遊び

55

腰部のこわばりをとり、肩回りもほぐれ、赤ちゃんの滑らかな動きを誘います。ずりばいができるようになったら。

◉やり方

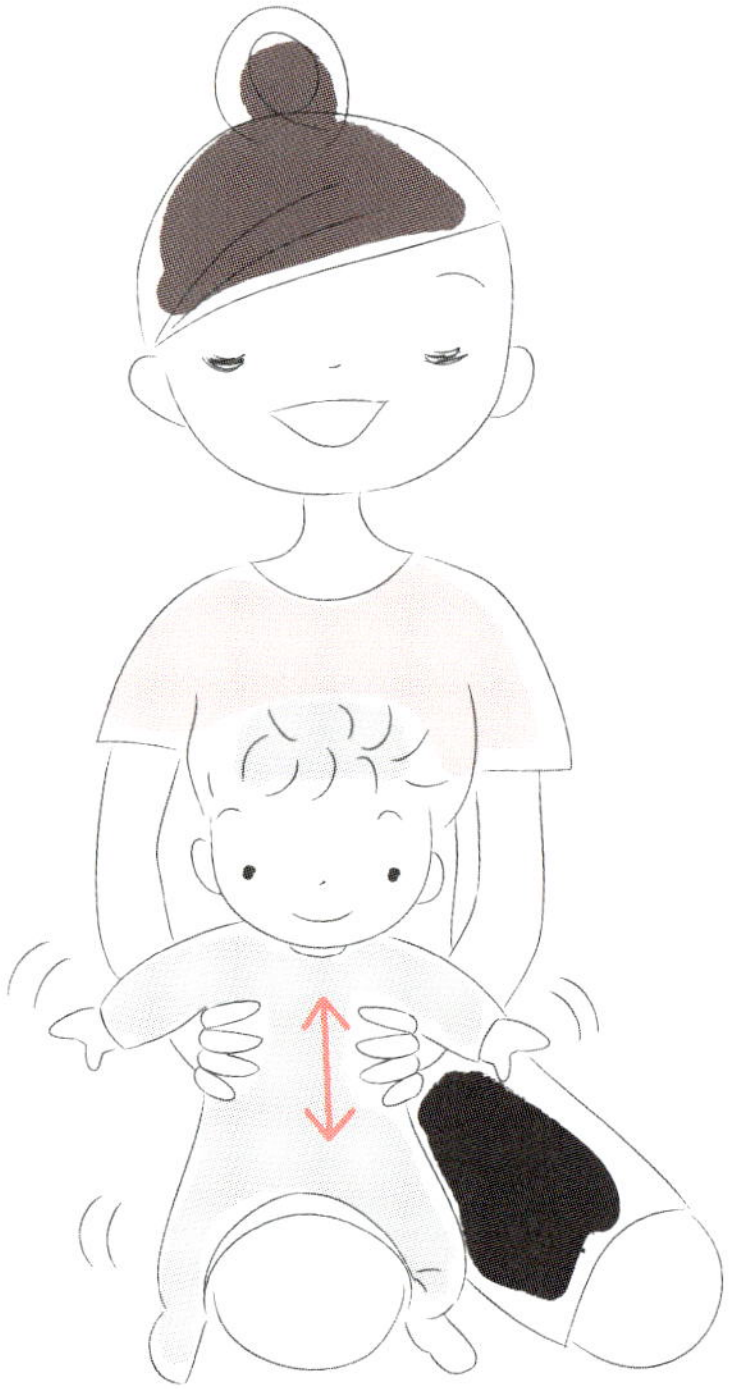

❶ママの片ひざに赤ちゃんをまたがせ、軽くひざを曲げ、足の裏全体を床につける。ひざをのばして足をつっぱったり、頭がゆれる赤ちゃんは「前抱っこ」(61ページ参照)の姿勢でおこなう。

❷ママの体を軽く上下に揺する。この時、脇の下を支えながらおこなうと、脇ゆるめ（116ページ）も同時にできるのでより効果的。

❸赤ちゃんが慣れてきたら、左右、前後にもゆらして。前にゆらした時、赤ちゃんが手をつけばパラシュート反射を促す遊びにもなる。

●ポイント

足の裏が浮く赤ちゃんは、親指のつけねを軽く押さえて床につけながらおこなう。指が床につきにくい時は、足指回し、足首回し（112ページ）など、足の裏をほぐす。

はいはい遊び

56

はいはいの時に獲得する筋肉をきたえ、骨盤の動きを促す遊びです。はいはいをあまりしないで歩くようになった赤ちゃんにはぜひ試してみてください。はいはいができるようになったら。

◉やり方

お山のぼり

布団やクッションで山やトンネルをつくり、はいはいでくぐったり、のりこえたりする。おもちゃを隠して宝探しをしても喜ぶ。

トンネル遊び

ダンボール箱を筒にしたものや、机の下などをくぐって遊ぶ。あんよをはじめた赤ちゃんやもっと大きくなった子どもも、ときどき、四つんばいで遊ぶと背骨の動きがしなやかになり歩行が安定する。腕の力もつき、自分の身を守る動きの獲得に役立つ。

●ポイント

大人が必ずそばについて目を離さないようにする。

べびぃケアQ&A

講習会の時、個別ケアの時、みなさんからよく聞かれる質問をご紹介します。べびぃケアをおこなう時の参考にしてください。

Q1 べびぃケア遊びは一日に何回やったらいいですか？

A　とくに決まりはありません

べびぃケア遊びは、赤ちゃんが気持ちよく感じられるかどうかが基本です。また、赤ちゃんは一人ひとり違うので、「いつ、何回やるべき」とは一概に決められません。赤ちゃんの様子を見ながら、適宜おこなってください。

赤ちゃんの成長について気になる様子がある時は、毎日少しずつおこなうといいでしょう。おすすめは生活習慣に組み込んでしまうこと。たとえば「ぱちぱちとんとん」ならおむつがえのついでに、「こぶし開き」はお風呂で手のひらの中を洗う時にと決めてしまえば、無理なくできます。

早く改善したいからといって、赤ちゃんがぐずっている時など強制的にやるのは逆効果。お母さんの調子が悪い時にも、無理してする必要はありません。

Q2 月齢が進んでからはじめても効果がありますか？

A 気づいた時がはじめ時です

べびぃケアは、抱き方、寝かせ方、座らせ方など日常のお世話を通して、赤ちゃんのすこやかな発育と発達を応援します。まさに「気づいた時がはじめ時」。新生児からはじめるのに比べたら時間はかかりますが、赤ちゃんの様子を見ながら根気よく続けてください。徐々に筋肉のこわばりがとれ、自由に動けるようになるでしょう。

Q3 正しい発達をしているかよくわかりません

A 発達状態に応じた姿勢と反射を見てみましょう

赤ちゃんは、適切な刺激を与えることでより発達が促されます。生まれた時から身につけている反射が統合されてでなくなったり、また発達に応じて獲得した反射が現れたりします。

心配なら、お住まいの市区町村の保健センターに相談を。発達の専門家もいるので、率直に質問してみましょう。3～4カ月健診などの乳幼児健診を利用するのもおすすめです。健診は、赤ちゃんの健康状態を見るほか、発達相談の場としても設けられています。あらかじめ、気になることをメモしておいたり、写真や動画を用意していくと、スムーズに相談できます。

Q4 慣れない育児で大変。「これだけをやっていればいい」というべびぃケアはありますか？

A べびぃケアは、お母さんと赤ちゃんのオーダーメイドです

赤ちゃんの体の様子はそれぞれ違います。ですから、べびぃケアはお母さんと赤ちゃんのオーダーメイド。「これだけをやっていればだれもが必ずよくなる」というものは、残念ながらありません。一番大切なのは、目の前の赤ちゃんをよく観察すること。機嫌や姿勢、さわった時の筋肉の感じを確かめながら、どうすれば赤ちゃんが快適な状態になるか考え、手を貸していきます。快適になれば赤ちゃんの機嫌はよくなり、お母さんも赤ちゃんの気持ちにぐんと寄り添うことができて、きっと、育児もより楽しく、やりやすくなるでしょう。

Q5 発達の遅れは、べびぃケアで治りますか？

A 発達の遅れには、いろいろな原因があります

赤ちゃんに無理な姿勢をとらせると、未発達な筋肉や靱帯が過度な緊張を強いられ、赤ちゃんの全身はこわばってしまいます。すると自由に動けず、筋力をつけることができません。また、筋肉の適度な緊張が全体に弱い赤ちゃんも、弱い体を守るために、筋肉や靱帯が過度の緊張を強いられがちです。向きぐせがあったり、姿勢に著しい左右差があるなどの赤ちゃんも同じです。体がつねに緊張状態にあるため発達しにくいのです。べびぃケアは、筋肉のこわ

ばりを解消し、赤ちゃんが本来ののびのびとした体で過ごせるようにするためのもの。たいていの赤ちゃんは体がほぐれて快適な状態が保てれば、順調に発達するようになります。

ただ、発達の遅れの中には、さまざまな原因があります。べびぃケアを続けてみても、極端におっぱいの飲みが悪い、目が合いにくい、5カ月すぎても首がすわらない、手足の筋肉が非常に硬いかやわらかいなどの様子が改善する気配もなかったら、発達の専門家か、お住まいの市区町村の保健センターに相談してください。

Q6 べびぃケアはいつまでできますか？

A 歩きだしてもできます。腹ばいで顔が上がらない大人もいます

赤ちゃん時代にあまりはいはいしなかったと心配になる方もいらっしゃるかもしれません。でも、大丈夫。小学生になってもトンネル遊びや両手両足を使う遊びをすることでべびぃ時代にし残した練習ができます。

人間はだれしも最初は赤ちゃんからスタートします。自分の体の動きにくさを感じたら、赤ちゃんの動きのどこまでできる、どこができにくいなどを見て、その動きがスムーズになるべびぃケアをおこなうと、余分な緊張がとれ、筋肉がバランスよく発達し、楽に体を動かしたり姿勢を保ったりしやすくなります。

ちょっと気になる時の「べびぃケア」

赤ちゃんのしぐさや姿勢でよくご相談をうけるものをあげました。一番大事なポイントは、赤ちゃんが喜ぶものがその時必要なケアということです。また、ママの体のケアも大切です。

●気になること	●こんなことはありませんか?	おすすめのべびぃケア
縦抱きでないと泣き止まない ずっと反り返っている 足のつっぱりが強い たっちしたがる	首や背中、腰、おしり、太ももの裏などが緊張していませんか?	寝かせ方の工夫（82ページ） 背中なでなで（109ページ） 耳たぶほぐし（110ページ） 赤ちゃんが喜ぶ抱っこ(60ページ) 足遊び（111ページ） かいぐり（108ページ） ママケア（24～48ページ）
足が開かない おむつが替えにくい またがふきにくい	おしりや背中が硬く緊張していませんか? おしりや足が冷たくないですか?	寝かせ方の工夫（82ページ） 赤ちゃんが喜ぶ抱っこ(60ページ) 足遊び（111ページ） 腹ばい遊び（113ページ）
着替えがしにくい 脇の下、あごの下が洗いにくい	肩や背中の筋肉がこっていませんか? 表情が硬くないですか?	かいぐり（108ページ） ハンモック遊び（115ページ）

おっぱいの偏り飲み	向きぐせはありませんか？ おっぱいを飲む時、体が反り返っていませんか？ 抱っこはつらくありませんか？	寝かせ方の工夫（82ページ） 赤ちゃんが喜ぶ抱っこ（60ページ） 向きぐせの改善（83ページ） 足遊び（１１１ページ） かいぐり（１０８ページ） ママケア（24〜48ページ）
うなる 喘鳴 よく吐く	うつぶせにしたり、縦抱きにすると、腕を後ろに引いて反り返りませんか？ 泣くから、寝ないからと、おっぱいを飲ませすぎていませんか？ ゲップを出そうと、背中をトントンしすぎていませんか？	寝かせ方の工夫（82ページ） 赤ちゃんが喜ぶ抱っこ（60ページ） かいぐり（１０８ページ） 足遊び（１１１ページ）
湿疹 網目まだら様チアノーゼ 手足の冷感	反り返ったり、つっぱったり、体が硬くて抱っこしにくくありませんか？ 便秘がちではないですか？	寝かせ方の工夫（82ページ） 基本の横抱き（61ページ） 足指回し（１１２ページ） 足首回し（１１２ページ） おしりもみもみ（１１４ページ）
口、あご、舌がゆがんでいる 目の大きさが違う	向きぐせがありませんか？ 頭がゆがんでいませんか？	向きぐせの改善（83ページ） 頭なでなで（１１０ページ） 耳たぶほぐし（１１０ページ） おしりもみもみ（１１４ページ） 注視遊び（１０５ページ）

●気になること	●こんなことはありませんか?	おすすめのべびぃケア
親指以外の指をおしゃぶりをする	背中や首、肩が硬くないですか? 親指を中に握り込んでいませんか?	かいぐり（108ページ） こぶし開き（106ページ） 背中なでなで（109ページ） 耳たぶほぐし（110ページ）
出べそ（臍ヘルニア）	よくうなりませんか? 腹ばいで反り返るのが好きですか? ひざの上で足をピンピンして立ちたがりますか?	寝かせ方の工夫（82ページ） 赤ちゃんが喜ぶ抱っこ（60ページ） 足遊び（111ページ） 背中なでなで（109ページ） 腹ばい遊び（113ページ）
反り返りがきつい 腹ばいだとひこうきのように反った姿勢 背ばいをする	腰や首が硬くないですか?	寝かせ方の工夫（82ページ） 赤ちゃんが喜ぶ抱っこ（60ページ） 背中なでなで（109ページ） かいぐり（108ページ） おしりもみもみ（114ページ） 腹ばい遊び（113ページ） ハンモック遊び（115ページ） ママケア（24～48ページ）
同じ方向にばかり寝返りをする	背中やおしりの筋肉の硬さに左右差がありませんか? 寝かせた時に、体がバナナのようにカーブしていませんか?	向きぐせの改善（83ページ） 背中なでなで（109ページ） おしりもみもみ（114ページ） 寝返り練習（91ページ）

ずりばいをなかなかしない	肩、腰、おしりがこわばっていませんか？ 寝返りは両方できますか？	寝かせ方の工夫（82ページ） 赤ちゃんが喜ぶ抱っこ(60ページ) 背中なでなで（１０９ページ） かいぐり（１０８ページ） おしりもみもみ（１１４ページ） 腹ばい遊び（１１３ページ） ハンモック遊び（１１５ページ） 寝返り練習（91ページ）
お座りで後ろにひっくり返る	背中や腰が硬くないですか？ 寝返りは両方できますか？	寝かせ方の工夫（82ページ） 赤ちゃんが喜ぶ抱っこ(60ページ) 足遊び（１１１ページ） 腹ばい遊び（１１３ページ） お馬さん遊び（１１８ページ） おいでおいで体操（１１７ページ）
お座りで背中が丸くなる（クマさん座り　97ページ）	首がしっかりすわっていますか？	腹ばい遊び（１１３ページ） おいでおいで体操（１１７ページ） おしりもみもみ（１１４ページ） 注視遊び（１０５ページ）
はいはいで手が開けない 手が出ない	手のひらに何かが触れるとすぐに握ってしまい、なかなか離しませんか？ 肩や手首、手指の動きが硬くないですか？	こぶし開き（１０６ページ） かいぐり（１０８ページ） おいでおいで体操（１１７ページ） 脇ゆるめ（１１６ページ） お馬さん遊び（１１８ページ）

●気になること	●こんなことはありませんか？	効果的なべびぃケア
はいはいの時、片足があがる	足首が硬いか、またはおしりがこわばっていませんか？	おしりもみもみ（114ページ） 寝返り練習（91ページ） お馬さん遊び（118ページ） 足遊び（111ページ）
はいはいの時足を横に出す 足の裏で地面をけれない	腰のあたりがこわばっていませんか？ 足の裏に何か触れると、指が曲がって足で握ろうとしませんか？	背中なでなで（109ページ） おしりもみもみ（114ページ）
つま先立ちになり、足の裏全体を床につけない	肩が上がって、首が短くなっていませんか？ ふり向く時に、首が回らず、体全体でしかふり向けなくないですか？ 足の指やひざが曲がりにくくないですか？ お座りの時、クマさん座りになっていませんか？	向きぐせの改善（83ページ） 背中なでなで（109ページ） おしりもみもみ（114ページ） 脇ゆるめ（116ページ） 足遊び（111ページ）
お座りのまま、移動する	腰がこわばっていませんか？ 腹ばいで顔が上がりますか？	腹ばい遊び（113ページ） かいぐり（108ページ） 耳たぶほぐし（110ページ）

◉べびぃケアに関するお問い合わせ

◯妊婦さんと赤ちゃんのための整体サロン mommy&baby 高輪

吉田敦子主宰。ママと赤ちゃんの体を整えて楽なお産と楽しい育児をお手伝いしています。
ケアの予約、お問い合わせはメール
mammybaby-atsuko@ac.wakwak.com
http://www.nyanko299.com/mammy_baby/

◯ mama ルーム杉上（兵庫県明石市）

杉上貴子主宰。ママと、赤ちゃんが自分たちでできるケアのコツをお伝えします。
お問い合わせ先　kikomamaroom@gmail.com
https://www.babylaboceres.com/mamaroomsugiue

◯育児サポート楽育（らいく）（兵庫県明石市）

助産師と一緒に楽育を考えませんか。産後の楽育をめざす妊娠生活も考えていきます。
お申し込み・お問い合わせ先　dakko_club@yahoo.co.jp
http://ameblo.jp/ikuji-suport-raiku/

◯ Go ！ Go!　赤ちゃん時代（兵庫県神戸市）

べびぃちゃんが体で伝えてくれることにぴったりと寄り添うコツ、あそびや抱っこを一緒に楽しみます。
認定子ども園くわのき幼稚園内で月 1 回開催中
お問い合わせ先　kikomamaroom@gmail.com
http://www.kuwanoki.ed.jp/support/support.html

NPO 法人母子フィジカルサポート研究会

2012 年 1 月に NPO 認定（東京都）。「その人らしさを大切に　一緒に笑顔になる」をキャッチフレーズに母子を支援する人たち対象の母子フィジカルサポートセミナーを全国で開催している。
母子フィジカルサポートとは、「母と子が、その人らしく妊娠、分娩、育児に適応できるよう身体的特徴（姿勢と発達）をふまえたサポートを行うこと」と定義し、妊産婦さんや、赤ちゃんへの体のケアを研究、その普及に努めている。
https://boshi.jp/
地域別会員一覧 URL：https://boshi.jp/join-us/member-list/

おわりに

はじめてのわが子とはじめて一緒に過ごした夜、授乳をすませて、さあねんねと寝かせたとたんに、ぱっちり開く目。トントンしても眠らない、そのうち泣き出す。そしてまた授乳。おっぱいが足りないの？　おむつはきれいよ。どうして？　のくり返しで、その後も毎晩、ほとんど眠れなかったのを思い出します。

ベビーカーに入れていても泣き出してしまい、結局いつも抱っこ。いったいこの子はどうなっているの？　と不安でいっぱいの子育てでした。チャイルドシートに入れてドライブをするとよく寝るため、シートごと座席からはずしてそのまま部屋の隅においておいたり、うつぶせにして背中をさするとようやく寝てくれたり、とにかくご機嫌でいられるようにさまざまな工夫をしながら、何とか育ててきました。

10年後、渡部信子氏に師事して、姿勢を整えることを学ぶうち、切迫早産治療と第2期遷延分娩（子宮口が全開してから生まれるまでの間、通常は2時間以内）のための吸引分娩で生まれたわが子は、全身で体がしんどいよ～と訴えていたことに気づきました。そして、私がしてきたことは、結局赤ちゃんが気持ちよくいられる姿勢を探していたのだということにも気づかされたのです。（吉田敦子）

かつてオランダで在蘭日本人への妊娠出産育児援助をしていたころ、在蘭日本人のみなさんは、チャイルドシートに赤ちゃんを寝かせていました。助産師の私は、「赤ちゃんは布団でまっすぐ寝かせる」ということが基本でしたので、違和感を抱いていました。

私自身も３人目をオランダで出産。この子は、３人の中で一番出産時のストレスがなかったのか、出産直後からとても自由闊達で、自分の要求を素直に表現できる赤ちゃんでした。抱いていると寝るが、硬い床に置くと泣く、のくり返し。その後、椅子型チャイルドシートではよく寝るが、座布団ではすぐ起きる、という状況でした。そして上２人と違い、不思議なことにおっぱいは満足するだけ飲むと自分から口を離していました。３人目にしてはじめての経験です。なぜ自分からおっぱいをやめることができるんだろう？　日本に帰国後、渡部信子氏のもとで勉強しはじめ、このなぞは解けました。

親が日々の暮らしの中であれこれ工夫することは赤ちゃんの快不快を察知して、それに合わせようとやっていることだったのです。私自身が今までの知識に邪魔されて、赤ちゃんが本当にしてほしいことが見えていなかったのではないかということに気づきました。（杉上貴子）

そんな育児経験をした私たちは、２００２年にＮＰＯ法人母子整体研究会で出会いました。試行錯誤をして積み上げた育児経験や、助産師として親子に提供したケア内容を研究会で話し合ううち、赤ちゃんの訴えは、姿勢やしぐさ、反応をよく見る必要があるということ、またその観察のポイントにはある共通性があることを見出したのです。赤ちゃんへのアプローチ方法などを研究し、多くのみなさんに私たちの育児技術を伝えるために、05年専門職対象にべびぃ整体セミナーをはじめました。そこで見えてきたのは、世代を超えた育児の伝承が途絶えてしまっている、ということでした。抱っこや授乳など、かつては当たり前のようにおこなわれてきた育児が、育児書からでしかそのノウハウを知ることができなくなりつつあります。今は助産師、保健師ですら、こうした育児体験が乏しくなっています。

育児は終わりのない一生の仕事です。その最初のステップである乳児期をどう過ごすかは、その後の親子関係に大きく影響することは、愛情ホルモンといわれるオキシトシンの研究からもわかってきています。

赤ちゃんがしぐさや姿勢で示してくれる快不快を推察し、より心地よい方向へといざなっていくことは、自分を肯定的に認め、自分の意志で生きていける、そんな生活力のある子どもを育てることにつながります。そんなふうに子どもを見守れるお母さんが一人でも多く増えることを信じて、べびぃ整体から発展させた「べびぃケア」の研究・実践を一層積んでいきたいと思います。

今回、この本を著すにあたり、たくさんの方にお世話になりました。

当会の前身であるＮＰＯ法人母子整体研究会の創立時の代表理事渡部信子氏は、実践面においても、理論構築の面においても、非常に高度な内容を教えてくださり、私たちを導いてくださいました。私たちが、ケアの実践や伝達に行き詰まった時には、いつでも建設的な気づきと指針を与えてくださいました。

「ＮＰＯ法人母子フィジカルサポート研究会」の講師やセミナースタッフ、受講生のみなさまにも、さまざまなアイデア、工夫を教えていただきました。

この本がつくられたきっかけは、09年2月15日の毎日新聞「くらしナビ」に掲載された記事を読んでくださった合同出版の方が「赤ちゃんをどう扱ってよいかとまどうばかりのこの時期に、親子一緒に快適ですこやかに過ごせる方法やヒント、アドバイスを多くの人に知らせ子育てに役立ててほしい」という熱いラブコールをくださったことからはじまりました。それから3年余りも要してしまいましたが、何とか世に出すことができましたのも、合同出版社長の上野良治さん、編集担当の坂上美樹さん、協力をしてくださった新井文乃さんのおかげです。なかなか執筆・校正が進まない私たちを、辛抱強く励ましてくださいました。また、赤ちゃんの動きを的確に表現してくださったごとうゆきさんの絵は本をとてもやわらかい雰囲気にしてくださいました。

そして、べびぃケアを実践してくださっている多くの親子のみなさまがいなくては、この本は生まれませんでした。また、私たち自身を育ててくれた両親や周囲の人にも感謝します。私たちが育てられた、その体験がべびぃケアの基本に生かされていることを実感しています。

最後に、この本を生み出すための力を与えてくれた私たちの家族に感謝いたします。

２０１２年８月　吉田敦子・杉上貴子

新版によせて

この本が出て5年たちました。本を読んで赤ちゃんと一緒にべびぃケアを楽しんでくださっている方、妊娠中から赤ちゃんと一緒に気持ちいい生活を楽しんでくださる方もいらっしゃいます。この5年の間に、妊娠中から産後にかけての体の痛みを訴えて、私のサロンに相談にいらっしゃる方がとても増えてきました。

妊娠しても出産しても、痛みや不快感は我慢するものではありません。お母さんが自分を大切にすることは、赤ちゃんと一緒に生活を楽しむことにつながります。おかかりの産院の助産師にぜひ相談してくださいね。（吉田敦子）

私が主宰している「育児サポート楽育」で毎月、赤ちゃんとママに出会います。体がほぐれる遊びをしてからいろんな抱っこを試しつつ、抱きながらママ同士話をしていただいていると、だいたい5分で赤ちゃんが眠ってしまいます。

さあ、着地に挑戦です。そ～～っとそ～～っと床におろし、赤ちゃんが緊張しないように工夫します。ママが体を離します。赤ちゃんはぐっすり！　周りで見守る人も「やった！」「すごい！」「寝てる！」。ママは、初めて自分で赤ちゃんを寝かしつけられた喜びと自信に満ちあふれます。こうして一つひとつの積み重ねがその親子の宝物になっていきます。（杉上貴子）

赤ちゃんの成長発達は、本当に人それぞれのスピードや順番があります。一人ひとりの赤ちゃんができるようになったことを認めて、赤ちゃんと一緒に喜ぶ生活を楽しんでいただきたいなと思います。赤ちゃん時代に、その子に合った動きを取り入れた遊びをすることで、大きくなってからも、安定した発達をしていけるようになります。

どんな遊びがいいのでしょう。それは、赤ちゃん自身が知っています。赤ちゃんが楽しそうにくり返し遊ぶことを見つけてみましょう。

今回の改訂では、赤ちゃんのためにできるだけいいことをしてあげたい、と思うお母さんの気持ちを大切に、お母さんも一緒に気持ちのいい生活ができるよう、妊娠中から産後にかけてできるケアを、充実させました。また、ママたちからだけでなく母子支援者からもリクエストが多かった「抱っこの仕方」、「授乳の仕方」を詳しく載せました。そして、この5年で大きく変化した赤ちゃんたちの身体状況にマッチした遊びを増やし、再構成しました。

赤ちゃんは一人ひとり違います。ママやパパも一人ひとり違います。この本をきっかけにして、それぞれの親子にあった育児の工夫が、見つかれば嬉しいです。赤ちゃんとのかけがえのない日々が、喜びに満ちた日々でありますよう、ずっと応援しています。

２０１８年5月　吉田敦子・杉上貴子

■著者紹介

吉田敦子（NPO法人母子フィジカルサポート研究会代表理事・助産師）

1983年、東京大学医学部附属助産婦学校卒業。名古屋市立大学病院他、市民病院、都立病院勤務。青年海外協力隊にて、マラウイ共和国へ派遣。出張開業の傍ら（社）家族計画協会の思春期保健相談員として、電話相談、思春期外来、性教育の啓発に従事。2005年、NPO法人母子整体研究会の設立にたずさわる。2011年、母子フィジカルサポート研究会に名称変更し代表理事に就任。認定講師として全国で専門職対象のセミナーを開催。東京で出張整体サロン「mommy＆baby高輪」を主宰し、妊産婦と赤ちゃんのケアをおこなっている。

杉上貴子（NPO法人母子フィジカルサポート研究会認定講師・助産師・保健師）

1985年、千葉大学看護学部看護学科卒業。葛飾赤十字産院他、個人病院勤務、東京女子医大短大（現大学）看護学部にて母性看護講座助手。地域の母子ケアに従事。1996年、オランダ在住中に第3子を自宅にて出産。蘭蘭育児ネットワーク立ち上げる。2001年「mamaルーム杉上」として独立開業。妊産婦や乳幼児の個別ケア、各種教室講師を務め、認定子ども園でのからだ育てを監修している。その傍ら、会議や研修にファシリテーションを取り入れ、効果的な関係づくりを進める「すくすくプロジェクト」セミナーを主宰。ホワイトボード・ミーティング®認定講師。

編集協力	新井文乃
カバー・本文デザイン	人見祐之
カバー・本文イラスト	ごとう ゆき
作図	Shima.
組版	酒井広美

新版

おなかにいるときからはじめる

べびぃケア

妊娠・出産・育児を気持ちよく

2012年9月10日　第1刷発行
2016年2月15日　第6刷発行
2018年5月15日　新版第1刷発行
2021年8月25日　新版第3刷発行

著　者　吉田敦子＋杉上貴子
発行者　坂上美樹
発行所　合同出版株式会社
東京都小金井市関野町1-6-10
郵便番号　184-0001
電話　042（401）2930
URL　https://www.godo-shuppan.co.jp
振替　00180-9-65422
印刷・製本　株式会社シナノ

■刊行図書リストを無料送呈いたします。
■落丁乱丁の際はお取り換えいたします。

ISBN978-4-7726-1351-4 NDC599 210×148